Leo N. Tolstoi

Über Nichtstun, Moral, Recht und Wissenschaft

Vier kleine Schriften aus den Jahren 1893 und 1909

Band-Signatur
TFb_B008

Tolstoi-Friedensbibliothek
Reihe B | Band 8

Herausgegeben von
Peter Bürger

Leo N. Tolstoi

Über Nichtstun, Moral, Recht und Wissenschaft

Vier kleine Schriften aus den Jahren 1893 und 1909

Mit einem Text zu
Tolstois Kritik am Strafrecht
von Dirk Falkner

Tolstoi Friedensbibliothek

TFb_B008

Die TFb-Buchausgaben
folgen dem Editionsprojekt
www.tolstoi-friedensbibliothek.de

Leo N. Tolstoi

ÜBER NICHTSTUN, MORAL, RECHT UND WISSENSCHAFT

Vier kleine Schriften aus den Jahren 1893 und 1909

Mit einem Text von Dirk Falkner.

Herausgegeben von Peter Bürger.

Tolstoi-Friedensbibliothek: Band-Signatur TFb_B008

Redaktion & Gestaltung: Peter Bürger
www.tolstoi-friedensbibliothek.de
Umschlag-Bild: ‚Tolstoi-Büste' von Paolo Troubetzkoy
(1899 | commons.wikimedia.org: Shakko)

Herstellung & Verlag: BoD – Books on Demand, Norderstedt
ISBN: 978-3-7578-0958-4

Inhalt

VORBEMERKUNGEN DES HERAUSGEBERS

Der hier vorgelegte Sammelband enthält vier kleine Schriften LEO N. TOLSTOIS aus den Jahren 1893 und 1909 über grundlegende Felder des öffentlichen Gefüges: verfasste Religion (auch in säkularer Gestalt), Moral (und bürgerliches Ethos), Recht und Wissenschaft. Die Beiträge sind bedeutsam für das Studium der Anschauungen des russischen Schriftstellers, aber für deutschsprachige Leserinnen und Leser heute nicht mehr leicht greifbar. Unsere Neuedition in der Tolstoi-Friedensbibliothek (Reihe B) sorgt für Abhilfe.

Auch eine verdienstvolle Ausgabe der ‚Philosophischen und sozialkritische Schriften'[1], die 1974 in der Deutschen Demokratischen Republik erschienen ist, enthält bezeichnenderweise keinen dieser z. T. wirklich ‚hochkarätigen' Texte. Staatstragende Redaktionen haben zu allen Zeiten die Aufgabe, Religions-Gebilde zur Legitimierung des Bestehenden, die Geltung des Öffentlichen Rechts und die hegemoniale Wissenschaft zu stützen. Bezogen auf solche Vorgaben kann TOLSTOI die entsprechende Nachfrage freilich nicht bedienen.

I. DAS NICHTSTUN | 1893

Ein Pariser Redakteur sendet zwei Texte der französischen Schriftsteller ÉMILE ZOLA (1840-1902) und ALEXANDER DUMAS d. J. (1824-1895) an LEO TOLSTOI. Dieser nimmt die Lektüre zum Anlass, unter Bezugnahme auch auf den Taoismus eine eigene Schrift über *„Das Nichtstun"* (Nedelanie, 1893) zu verfassen. Da-

[1] Lew TOLSTOI: Philosophische und sozialkritische Schriften. Aus dem Russischen übersetzt von Günter Dalitz. (= Gesammelte Werke in zwanzig Bänden, hg. von E. Dieckmann und G. Dudek, Band 15). Berlin: Rütten & Loening 1974.

rin dokumentiert er ausführlich den Wortlaut einer Rede des ‚eingefleischten Positivisten' ZOLA und einen Brief von DUMAS als Zeugnisse höchst unterschiedlicher Ausblicke in das Kommende. TOLSTOI zählt ZOLA, welcher der Jugend einen unerschütterlichen ‚Glauben an Wissenschaft und Arbeit'[2] nahelegt, zu den Beharrenden und entdeckt ein Fortschreiten im Sinne der lichten Vernunft, wie er sie versteht, nur beim Zweitgenannten. Die Menschen sollen DUMAS zufolge „mit Bewusstsein und unaufhaltsam die bevorstehende Einigung und den regelrechten Progress der noch unlängst einander feindlichen Nationen verwirklichen". Angesichts der „Rüstung aller Völker" und „des bevorstehenden allgemeinen Vernichtungskrieges" müsse die Menschheit eintreten in eine neue Epoche, „in der sich das Wort: ‚Liebet einander' ohne Rücksicht darauf, ob es ein Gott oder ein Mensch gesagt hat, verwirklichen wird". – TOLSTOI pflichtet dem bei und meint, dass ein Fortführen des Zeiten- bzw. Weltenlaufs – gemäß der an sich seit 18 Jahrhunderten geistig überwundenen „heidnischen Prinzipien" – „die Menschheit unvermeidlich in's größte Elend stürzen wird und dass diese Zeit nicht mehr fern ist". Die Alternative zum Abgrund sei jedoch längst gewiesen: „Einigung und Liebe unter allen Geschöpfen" in einer anderen Welt, in der endlich „die Schwerter in Pflugscharen, die Lanzen in Sicheln umgeschmiedet" sein werden.

ROSA LUXEMBURG hat 1908 folgendermaßen auf einen Aspekt dieser Schrift Bezug genommen: „Wie originell und tief die soziale Analyse Tolstois ist, zeigt z. B. der Vergleich seiner Ansicht über die Bedeutung und den sittlichen Wert der Arbeit mit der Ansicht *Zolas*. Während dieser die Arbeit als solche in echt kleinbürgerlichem Geiste auf das Piedestal erhebt, wofür er bei manchen hervorragenden französischen und anderen Sozialdemokraten in den Geruch eines Sozialisten von reinstem Wasser gekommen ist, bemerkt Tolstoi ruhig, indem er mit wenigen Wor-

[2] Wörtlich wird aus der Rede des im bürgerlichen Sinn fortschrittsgläubigen Zola übersetzt: „Arbeiten Sie, meine Herren! … Ich hatte nur einen Glauben, eine Kraft – die Arbeit. Mich hielt nur jene ungeheure Arbeit aufrecht, die ich mir gestellt, vor mir stand stets jenes Ziel, dem ich zustrebte".

ten den Nagel auf den Kopf trifft: ‚Herr Zola sagt, dass die Arbeit den Menschen gut mache; ich habe immer das Gegenteil bemerkt: Die Arbeit als solche, der Stolz der Ameise auf ihre Arbeit, macht nicht nur die Ameise, sondern auch die Menschen grausam … Aber wenn sogar die Arbeitsamkeit kein erklärtes Laster ist, so kann sie in keinem Falle eine Tugend sein. Die Arbeit kann ebensowenig eine Tugend sein wie das Sichernähren. Die Arbeit ist ein Bedürfnis, das, wenn es nicht befriedigt wird, ein Leiden und nicht eine Tugend ausmacht. Die Erhebung der Arbeit zu einer Tugend ist ebenso verkehrt wie die Erhebung des Sichernährens des Menschen zu einer Würde und Tugend. Die Arbeit konnte die Bedeutung, die man ihr in unsrer Gesellschaft zuschreibt, nur als eine Reaktion gegen den Müßiggang gewinnen, den man zum Merkmal des Adels erhoben hat und den man noch als Merkmal der Würde in reichen und wenig gebildeten Klassen hält … Die Arbeit ist nicht bloß keine Tugend, sondern sie ist in unsrer falsch geordneten Gesellschaft zum größten Teil ein das sittliche Empfindungsvermögen ertötendes Mittel.‘ – Wozu zwei Worte aus dem ‚Kapital‘ das knappe Gegenstück bilden: ‚Das Leben des Proletariats beginnt, wo seine Arbeit aufhört.‘ Bei der obigen Zusammenstellung der beiden Urteile über die Arbeit zeigt sich übrigens genau das Verhältnis Zolas zu Tolstoi im Denken wie im künstlerischen Schaffen: das eines biederen und talentvollen Handwerkers zum schöpferischen Genie.“[3]

Gleich drei unterschiedliche Übersetzungen von TOLSTOIS Schrift *„Das Nichtstun“* erschienen 1893/94 für die deutschsprachigen Leser.[4]

---

[3] R[osa] LUXEMBURG: Leo Tolstoi als sozialer Denker. In: Leipziger Volkszeitung. Organ für die Interessen des gesamten werkthätigen Volkes. Leipzig. 15. Jg., Nr. 209 vom 9.9.1908, S. 1-2. [Rosa Luxemburg Werke, Berlin 1970ff., Karl Dietz Verlag Berlin, Bd. 2, S. 246-253. https://rosaluxemburgwerke.de].

[4] Wir edieren im vorliegenden Band die Übersetzung des in Kurland geborenen *Adolph Garbell* (1864-1902): „Vom 1. April 1898 bis zu seinem Tode 1902 Lektor für die russische Sprache in der Abteilung VI für Allgemeine Wissenschaften, insbesondere für Mathematik und Naturwissenschaften der Königlichen Technischen Hochschule zu Berlin.“ (https://cp.tu-berlin.de/person/1532).

Der Aufsatz *„Religion und Moral"* (Religija i nravstvennost', 1893) ist „Tolstojs Antwort auf zwei Fragen, die ihm Georg von Gizycki (1851-1895), Professor für Philosophie in Berlin und Gründer der ‚Ethischen Gesellschaft' sowie der Zeitschrift ‚Für ethische Kultur', in einem Brief vom 6. August 1893 gestellt hat: 1) was Tolstoj unter dem Begriff ‚Religion' verstehe und 2) ob nach Tolstojs Auffassung Moralvorstellungen, die nicht religiös motiviert seien, existieren können. Tolstoj wollte ‚unverzüglich auf diesen würdigen Brief' antworten, doch da die ‚Fragen so gut gestellt waren', sah er sich gezwungen, sie ausführlicher zu beantworten, als er das zunächst vorhatte. Tatsächlich hat sich Tolstoj intensiv mit diesem Aufsatz beschäftigt, von dem mehrere handschriftliche Fassungen existieren und an dem er bis Ende Oktober 1893 gearbeitet hat."[5]

Die im vorliegenden Band nachzulesende Übersetzung des Textes besorgte die Russin SOPHIE BEHR (nicht zu verwechseln mit der Ehefrau des Dichters: SOFJA ANDREJEWNA TOLSTAJA, geb. BEHRS). Sie erschien im Dezember 1893 in zwei Ausgaben der Zeitschrift ‚Ethische Kultur', im Folgejahr aber auch als eigenständige Veröffentlichung in Ferd. Dümmelers Verlagsbuchhandlung (Berlin 1894). Bibliographisch erfasst ist noch eine zeitnahe Übertragung von LOUISE FLACHS (Verlag Hugo Steinitz, Berlin 1895). Ein äußerer Hinweis auf die Bedeutsamkeit des Textes ist der Umstand, dass er 2014 in einer neuen Übersetzung von DOROTHEA TROTTENBERG für den Sammelband „Tolstoj als theologischer Denker und Kirchenkritiker" zugänglich gemacht worden ist.

HEINRICH SCHMITT bezeichnete den Aufsatz 1909 als eine der „tiefgedachtesten Schriften" TOLSTOIS; in ihr werde ausgeführt,

---

[5] [Daniel Riniker.] In: Martin GEORGE / Jens HERTH / Christian MÜNCH / Ulrich SCHMID [Hg.]: Tolstoj als theologischer Denker und Kirchenkritiker. Zweite Auflage. Göttingen: Vandenhoeck & Ruprecht 2015, S. 188 (ebd., S. 188-210 eine neue Übersetzung des Textes u. d. T. ‚Religion und Sittlichkeit' von Dorothea Trottenberg).

„dass all das Moralisieren der ethischen Gesellschaften, an deren Adresse die Schrift direkt gerichtet ist, fruchtlos sei, dass diese Leute Kindern gleichen, die wurzellose schöne Blüten in den Sand stecken, weil die Sittlichkeit nur auf der Grundlage einer entsprechenden Weltanschauung gedeihen könne" (→S. 90). TOLSTOI selbst spricht freilich 1893 nicht einfach von *Weltanschauung*, sondern ausdrücklich von der *Religion*, welche richtungsweisend jeder geistigen Tätigkeit und der Sittlichkeit vorausgehe (Philosophie und Wissenschaft können hingegen „dem Menschen, diesem fühlenden, leidenden, sich freuenden, fürchtenden und hoffenden Wesen, seine Stellung in der Welt nicht klar machen").

Zunächst werden alle äußerlich bleibenden Definitionen von Religion verworfen, um zum Kern kommen zu können: „Das Wesen jeder Religion besteht nur in der Antwort auf die Frage: wozu lebe ich und in welcher Beziehung stehe ich zu der mich umgebenden, unendlichen Welt? – Die ganze Metaphysik der Religion aber, alle Lehren über die Gottheiten, über die Entstehung der Welt, alle äußere Gottesverehrung, die gewöhnlich für Religion angenommen wird, sind bloß, je nach geographischen, ethnographischen und historischen Bedingungen, verschiedene, die Religion begleitende Merkmale." Drei – bzw. streng genommen nur zwei – Grundformen der Religion möchte Tolstoi unterschieden wissen: „1. die primitive, persönliche, 2. die heidnische, d. i. der Gemeinschaft, der Familie oder des Staates, und 3. die christliche oder göttliche."[6] In Entsprechung dazu „existieren auch nur drei sittliche Lehren: die ursprüngliche rohe persönliche Sittenlehre, die heidnische Familien-, Gemeinschafts- und Staats-Sittenlehre und die christliche, die darin besteht, dem Weltall oder Gott zu dienen – die göttliche Lehre."[7]

---

[6] Jede kollektive oder nationalreligiöse – auf die eigene Gruppe bzw. das eigene ‚Volk' oder gar den Staat bezogene – Gestalt der Religion ist für Tolstoi heidnisch (wie immer auch die *Selbstbezeichnungen* lauten mögen) und mit der ‚Lehre Christi' unvereinbar.

[7] Unter dem Begriff *Religion* werden zunächst alle Weisen des ‚Weltverhältnisses' bzw. ‚Verstehens des Lebens' subsumiert, aber als ‚wahre Religion' gilt selbstredend nur die zuletzt genannte.

Genau besehen ermöglicht es TOLSTOIS schon zwei Jahrzehnte vor dem Ersten Weltkrieg dargelegte Unterscheidung, dem berechtigten Anliegen der dialektischen Theologie (bzw. der Schule KARL BARTHS) gerecht zu werden – ohne in der Theologie auf fatale Weise die Kategorie der Erfahrung und des ‚Interreligiösen' zu verdammen: Die nach außen hin abgrenzende primitive *Selbstsicherungs*-Religion des Individuums oder des größeren Kollektivs (Familie, Volk, Staat) gilt als heidnisch; sie muss als Perspektive bzw. Produkt der unglücklichen, in Not befindlichen Menschenwelt überwunden werden. Erst die wahre – 1893 von TOLSTOI noch eng als die christliche identifizierte – Religion erschließt *im* Menschen ein ‚Verständnis des Lebens'[8], das sich gleichsam in die göttliche Perspektive einfinden kann: universelles *Wohl-Wollen*, das allem Leben gilt und kein Wesen ausklammert. Erst später entdeckt Tolstoi, dass diese dritte (bzw. zweite) Weise von Religion, der allein er die Qualität von ‚Offenbarung'[9] zuschreibt, nicht exklusiv der ‚Lehre Christi' eigen ist.

Was dem späten DIETRICH BONHOEFFER vorschwebte – ein *„religionsloses Christentum"* der Zukunft –, steht L. TOLSTOI schon vor Augen, ist sogar dessen zentrales ‚Lebensthema'.[10] Wie bei

---

[8] Vgl. die philosophische Schrift: Leo N. TOLSTOI, Über das Leben. Übersetzungen von Raphael Löwenfeld (1902) und Willy Lüdtke (Auswahl 1929). Neu ediert von Katrin Warnatzsch, unter Mitarbeit von Peter Bürger. (= Tolstoi-Friedensbibliothek Reihe A, Band 8). Norderstedt: BoD 2023.

[9] Das wahre Verständnis des Lebens ist auch bei Tolstoi keine Eigenkonstruktion, sondern durchaus ein *geschenktes* neues (Selbst-)Verstehen. In der hier behandelten Schrift führt er aus: „Da die religiöse Erkenntnis diejenige ist, auf welche jede andere sich gründet, und die jeder andern Erkenntnis vorangeht, so können wir sie nicht präzisieren, da uns das Werkzeug dazu fehlt. In der theologischen Sprache wird diese Erkenntnis Offenbarung genannt. Und diese Benennung, wenn man dem Worte Offenbarung keinerlei mystische Bedeutung beilegt, ist vollkommen richtig, weil die Erkenntnis weder durch Studium, noch durch Bemühungen eines einzelnen oder mehrerer Menschen, sondern dadurch gewonnen wird, dass einzelne oder mehrere Menschen jene Äußerung der unendlichen Vernunft, die sich allmählich den Menschen offenbart, in sich aufnehmen."

[10] Tolstoi nennt zwar auch das den Modus der Selbstsicherung überwindende, neue Selbstverstehen des Menschen (als Sohn bzw. Tochter Gottes) noch *Religion*, aber die unterschiedlichen Entscheidungen bezogen auf die *Begrifflichkeit* sind kein wirkliches Hindernis für eine Verständigung an dieser Stelle.

MEISTER ECKART (1260-1328) zeigt sich außerdem in der Anschauung des Russen jenes scheinbare Paradox, dem zufolge das Individuellste zugleich (bzw. erst) das Umfassendste offenbart: die Einheit des Menschengeschlechts (*humani generis unitas*[11]). TOLSTOI spricht unbedingt vom Einzelnen, aber ebenso von der Menschheit, die nunmehr als Ganzes in eine neues Verhältnis zur Welt tritt. Die wirkliche – kommunizierbare – Religion „besteht darin, dass der Sinn des Lebens von dem Menschen nicht mehr in der Erreichung seines persönlichen Zweckes oder des Zweckes einer beliebigen Gesamtheit [= *selektive* Kollektive] erkannt wird, sondern nur darin, dem Willen zu dienen, der ihn und die ganze Welt hervorgerufen hat". (Die Alten, ihrer Sterblichkeit eingedenk, können unter Umständen eine besondere Affinität zu diesem Verständnis des Lebens aufweisen. Zu betonen wäre heute die sorgende Verbundenheit mit den noch nicht Geborenen, den nach uns kommenden Generationen.)

Die Schwachstelle der TOLSTOI'schen Darlegungen scheint mir – bis auf weiteres – darin zu liegen, dass in ihnen jene *Erfahrung* (Offenbarung), die ein neues ‚Verständnis des Lebens' – bzw. ein neues ‚Selbstverstehen' des Menschen – erst *ermöglicht*, nur unzureichend zur Sprache kommt. Der ‚Logos' im Prolog des Johannes-Evangeliums wird in TOLSTOIS Bibelarbeit als ‚*Verständnis* (bzw. Verstehen) *des Lebens*' bezeichnet. Das ist, da der russische Christ ‚Vernunft' und ‚Liebe' als ein nahezu symbiotisches Gespann auffasst, keine intellektuelle[12] Angelegenheit.

---

[11] Vgl. Peter BÜRGER (Hg.): Wie die Menschheit eins ist. Die katholische Lehre „Humani generis unitas" für das dritte Jahrtausend. Düsseldorf: onomato Verlag 2016. Die angesichts der ökologischen Frage für die menschliche Spezies so überlebenswichtige ‚Katholizität' – die Befähigung, auf das Ganze zu schauen – scheitert bislang auch in den hoffnungsvollsten Ansätzen, weil immer wieder – zumal in der hier in historischer Perspektive besonders herausgeforderten ‚römischen' Weltkirche – die von Tolstoi zielsicher diagnostizierten Regressionen (Familien-, Bürger-, Volks- und Nationalreligion etc.) die Oberhand gewinnen. Warum? Tolstoi würde antworten: Weil das sogenannte ‚Christentum' nicht christlich ist.

[12] Tolstoi betont in seiner Schrift: „Zum Verständnisse der Philosophie und der Wissenschaft bedarf es der Vorbereitung und des Studiums; für den religiösen Begriff ist solches nicht notwendig; er ist sofort jedem zugänglich, sei es auch dem beschränktesten und ungebildetsten Menschen."

Wäre es nicht hilfreicher, getreu dem biblischen Kontext von dem *einen* (Ja-)*Wort des Lebens* zu sprechen? Wer dieses *eine* „Wort“, aus dem die ganze Offenbarung besteht, vernimmt, dem ist unbedingte Geltung zugesprochen; damit wird es – förmlich im gleichen Atemzug – möglich, sich selbst loszulassen und teilzunehmen am universellen ‚Wohl-Wollen‘ Gottes. Oder besser noch: Wer in sich das (Ja-)*Wort des Lebens* vernimmt, der bewegt sich bereits im Atemraum des universellen göttlichen ‚Wohl-Wollens‘, welches keine Grenzen kennt. Treffend könnte also ein Aufsatz über *„Religion und Moral“* so überschrieben werden: *Gut sein können nur die Geliebten.* Alles läge daran, diese Erkenntnis auf den Weg der menschlichen Zivilisation anzuwenden, also auch die Möglichkeiten einer Ökonomie, Kultur, Wissenschaft … der Geliebten zu erkunden.

III. Über das Recht | 1909

Als Reaktion auf den Brief eines Jurastudenten bringt Leo N. Tolstoi, der gelernte Jurist, im Alter seine Gedanken *„Über das Recht“* (Pis'mo studentu o prave, 1909) noch einmal zu Papier. – Der Student hat ihm von einer zeitgenössischen Theorie der ‚Rechtspädagogik‘[13] berichtet; dagegen setzt er seine Überzeugung, dass mit „Recht“ stets bezeichnet wird, was den Herrschenden nützt, ihre Verbrechen ‚legalisiert‘ und ihrem Gefüge Dauer verleiht. Das „Recht“ gilt ihm als Gegenteil von Gerechtigkeit. Es mache die Beherrschten gefügig und führe zu ihrer Demoralisierung. Zielsetzung sei es, „das bestehende Übel zu rechtfertigen“. Man könne „von einer erzieherischen Bedeutung des ‚Rechts‘ schon deshalb nicht sprechen, weil die Beschlüsse des ‚Rechts‘ durch Gewaltmaßregeln, durch Ausweisungen, Gefängnisse, Hinrichtungen, d. h. durch die unsittlichsten Hand-

[13] Eine Pädagogik im Sinne der ‚Goldenen Regel‘ könnte Tolstoi indessen kaum ablehnen, insofern diese – schon bei Kindern – Erfahrungen begünstigt, die zur Selbstannahme und Achtung der anderen (bzw. von allem, was lebt) führen.

lungen zu ihrer Vollstreckung gelangen. Heute von einer ethischen, edukativen Bedeutung des ‚Rechts' zu sprechen, ist ganz dasselbe, als wollte man (und man tat es auch) von einer sittlichen, erzieherischen Bedeutung der Macht der Sklavenhalter für die Sklaven sprechen. Wir in Russland beobachten jetzt ganz handgreiflich die erzieherische Bedeutung des ‚Rechts'. Wir sehen, wie vor unseren Augen das Volk demoralisiert wird infolge der unaufhörlichen verbrecherischen Handlungen, die – wahrscheinlich vom ‚Recht' approbiert – die russischen Behörden vollführen. Der demoralisierende Einfluss der Wirksamkeit, die auf dem ‚Recht' basiert, ist besonders deutlich jetzt in Russland sichtbar, aber dasselbe ergibt sich und hat sich stets und wird sich immer und überall ergeben, wo eine Anerkennung (und die gibt es überall) der Gesetzmäßigkeit von allerlei auf dem ‚Recht' basierenden Gewalttaten – den Mord [u. a. Hinrichtungen, Militärhandwerk] mit inbegriffen – besteht. […] Eine ethische, erzieherische Bedeutung des ‚Rechts'! Das ist ja grässlich!" (→S. 100-101). – Dargeboten wird im vorliegenden Band die Übersetzung der Schrift von Dr. ALBERT ŠKARVAN[14] (1869-1926).

Zur *„Straftheorie von Tolstoi"* liegt seit 2021 eine rechtswissenschaftliche Studie von DIRK FALKNER[15] vor, deren methodische Stärke nicht zuletzt darin besteht, neben den theoretischen Schriften Tolstois auf Schritt und Tritt auch dessen dichterisches Werk heranzuziehen. Im Anhang zur BoD-Verlagsausgabe des vorliegenden Bandes der Tolstoi-Friedensbibliothek können wir

---

[14] Er hat 1895 nach Lektüre der Tolstoi-Schrift *„Das Reich Gottes ist in Euch"* seinen Dienst als Militärarzt aufgegeben, worauf die österreichisch-ungarischen Staatsorgane u. a. mit seiner mehrmonatigen Inhaftierung reagierten. Vgl. zu ihm in: Leo N. TOLSTOI: Das Töten verweigern. Texte über die Schönheit der Menschen des Friedens und den Ungehorsam. Neu ediert von Peter Bürger und Katrin Warnatzsch. (Tolstoi-Friedensbibliothek: Reihe B, Band 3). Norderstedt: BoD 2023, S. 12, 113, 202-210.

[15] Dirk FALKNER: Straftheorie von Leo Tolstoi. (= Juristische Zeitgeschichte – Abteilung 6, Band 57). Berlin/Boston: Walter de Gruyter 2021. – Aus theologischer Sicht behandelt das Thema Eugen DREWERMANN: Richtet nicht! Strafrecht und Christentum. Band 1-3. Ostfildern: Patmos Verlag 2020, 2021, 2023.

dankenswerterweise einen Auszug aus dieser Forschungsarbeit dokumentieren (→S. 155-169).

IV. ÜBER DIE WISSENSCHAFT | 1909

Die vierte hier neu edierte Schrift – *„Über die Wissenschaft"* (O nauke, 1909) – könnte man im deutschsprachigen Raum als ein Vorspiel zum Positivismus-Streit späterer Jahrzehnte betrachten. Der TOLSTOI nahestehende ‚Neugnostiker' Dr. EUGEN HEINRICH SCHMITT[16] (1851-1916) betont die „tiefe Berechtigung der vernichtenden Anklage, die Tolstoi gegen unser modernes Gelehrtenwesen" und den Wissenschaftsbetrieb formuliert; hier gehe es mitnichten etwa um ‚seichten Moralismus'. Das Anliegen habe den Verfasser jedoch dazu verführt, „das Kind mit dem Bad auszugießen und alle gelehrte, streng wissenschaftliche Tätigkeit überhaupt zu verwerfen". Um Schaden abzuwenden, will Schmitt bei der Publizierung der von Dr. ALBERT ŠKARVAN besorgten Übersetzung für Klarstellungen gemäß seiner Sichtweise sorgen. Inhalte und Umfang jener Texte, mit denen der Herausgeber seine eigene, z. T. von TOLSTOIS Darlegungen abweichende Position in der Veröffentlichung zum Zuge kommen lässt, könnte man durchaus als ‚übergriffig' bewerten.

Andererseits lernen wir mit SCHMITT, dem pazifistischen Philosophen, einen Wissenschaftler kennen, der das Grundanliegen des russischen Denkers durchaus gut vermittelt und in seinem eigenen Leben schwerwiegende Konsequenzen ganz im Sinne TOLSTOIS gezogen hat. („Man schwankte nunmehr bloß, ob man in meiner Person mit einem staatsgefährlichen Verbrecher oder einem gemeingefährlichen Wahnsinnigen zu tun habe. Denn was konnte es Unsinnigeres und Gemeingefährlicheres geben,

---

[16] Vgl. zu ihm: *„Die Rettung wird kommen …". 30 unveröffentlichte Briefe von Leo Tolstoi an Eugen Heinrich Schmitt.* Ein Weltanschauungsbild des russischen und des deutschen Denkers. Zusammengestellt von Ernst KEUCHEL. Hamburg: Harder Verlag 1926.

als in dieser von Mordwaffen starrenden ‚christlichen' Welt die Grundsätze der erhabenen Milde des Bergpredigers zu verkünden?")

Als Herausgeber lässt EUGEN HEINRICH SCHMITT die Leserschaft teilhaben an einer Kontroverse zwischen Menschen, die sich der gleichen ‚Sache' verpflichtet fühlen. TOLSTOI selbst verspürt offenbar die Neigung, im brieflichen Austausch ‚noch eins draufzulegen', indem er nachdrücklich das bestehende Bildungswesen als Hindernis für ein richtiges Verständnis des Lebens – im Sinne ‚höherer religiöser Wahrheit' – thematisiert (Anlass zum Verfassen der Schrift war die Zuschrift eines russischen Bauern gewesen, der Zweifel hegte hinsichtlich der Notwendigkeit von ‚Bildung'). Er denkt auch nicht daran, seine ‚Weltanschauung' im Sinne SCHMITTS noch präziser zu bestimmen.

Ärgerlich ist auf jeden Fall die Form der Darbietung des im Zentrum stehenden TOLSTOI-Aufsatzes *„Über die Wissenschaft"*. Nimmt man die Setzung der Anführungszeichen ernst, so besteht die Übersetzung zum größten Teil nur aus einem Referat, das die Inhalte des Originaltextes weithin über ‚indirekte Rede' wiedergibt. Ob dabei Passagen aus TOLSTOIS Schrift *„O nauke"* ganz entfallen, können die Leser nicht wissen. Ausgerechnet der partielle Wissenschaftsapologet E. H. SCHMITT sorgt somit als Herausgeber dafür, dass die Schrift in einer Fassung ediert wird, die für den ‚wissenschaftlichen Gebrauch' im Grunde nicht tauglich sein kann.[17]

Worin nun besteht die ‚Positivismuskritik'? Leo TOLSTOI fordert, so formuliert es SCHMITT, „dass die Wissenschaft sich in erster Linie und im Wesentlichen mit dem Seinsollenden, mit der Bestimmung des Menschen beschäftige und alles sonstige Wissen diesem Gesichtspunkte unterordne". Demgegenüber benutze der Mensch in der Herrschafts- und Beherrschungswissenschaft „seinen Verstand, sein Wissen nur dazu, um in der moder-

[17] Man könnte freilich anmerken: Dieses Verfahren einer eigenwilligen ‚Quellenedition' hat er sich von Tolstoi abgeschaut; in dessen ‚Lesewerken' werden die Vorlagen bisweilen auch frei abgewandelt bzw. im Sinne der eigenen Tendenz ‚nacherzählt'.

nen Technik, ihrem Maschinenwesen und Kommunikationswesen, der Menschheit die furchtbarsten Fesseln zu schmieden".

„Die wahre Wissenschaft", so meint der russische Kritiker der vorherrschenden ‚Moderne', „müsse uns die Kunst des glückseligen Lebens lehren, müsse vor allem lehren, was die besten und weisesten Männer aller Zeiten zum Heil aller Menschen verkündet haben". Diese Wissenschaft „werde nicht der Diplome halber gepflegt, sondern bloß, um den Brüdern zu helfen, und man könne sie sich immer und überall aneignen, ohne Geld, ohne Gymnasium und Universitäten": „Nur bei der bestehenden Absonderung der Menschen in zwei Kasten, in die Kaste der Herren und in die Kaste der Knechte, haben die heutigen Errungenschaften der angewandten Wissenschaften einen Bestand. Sobald die Menschen ein gemeinschaftliches Leben führen, wäre es nicht denkbar, dass sie sich um Lustgärten, Automobile, Statuen, fünfzehn Stock hohe Häuser, Rennpferde, Aeroplane, Unterseebote und ähnliches kümmern; … um ganz andere Sachen würden sie Sorge tragen. Jeder würde trachten, sich klar zu machen, was er zu tun habe, damit es keine Hungernden gebe, damit niemand die Benützung des Bodens, auf dem er geboren ist, entzogen werde, dass es keine Frauen gebe, die ihren Körper der Schändung preisgeben, dass … die Völker keinen Hass gegen einander schüren, dass es keine Kriege, keine Guillotinen und Galgen gebe".

pb

I.
Das Nichtsthun

(Nedelanie, 1893)

Leo N. Tolstoi

Mit einer Rede Emile Zola's
und einem Briefe Alexander Dumas'

Ins Deutsche übertragen
von Adolph Garbell[1]

Der Redakteur des Pariser Journals *„Revue des Revues"* schickte mir, im Glauben – wie er sich in seinem Briefe ausdrückte – daß die Meinung zweier berühmter Schriftsteller über den zeitgenössischen Zustand der Gemüter für mich von Interesse sein dürfte, zwei Ausschnitte aus französischen Zeitungen zu. Der eine enthält eine Rede Zola's, der andere einen Brief von Dumas an den Redakteur des *„Gaulois"*. Ich bin dem Herrn Smith für seine Sendung sehr dankbar. Beide Dokumente gewähren infolge der Berühmtheit ihrer Autoren, ihres zeitgenössischen Charakters sowie hauptsächlich durch den in ihnen enthaltenen Gegensatz ein tiefes Interesse, und ich möchte hier einige Gedanken wiedergeben, die durch sie in mir angeregt worden sind.

Es hält schwer, in der zeitgenössischen Literatur eine knappere, kräftigere und bestimmtere Form für den Ausdruck jener zwei elementarsten Kräfte aufzufinden, aus denen sich die gleichmäßigen Bewegungen der Menschheit zusammensetzen, als die oben angegebene*[2]: die eine – ist die tote Kraft des Behar-

---

[1] Textquelle | Leo TOLSTOI: Das Nichtsthun. Mit einer Rede Emile Zola's und einem Briefe Alexander Dumas'. Ins Deutsche übertragen von Adolph Garbell. Berlin: Verlag von Arthur Loewy 1893. [62 Seiten]

[2] *nichts-thun.

rungsgesetzes, das die Menschheit auf dem einmal eingeschlagenen Wege aufzuhalten sucht, die andere – die lebendige Kraft der Vernunft, die sie zum Lichte hinzieht.

Die vollständige „Rede“ Zola's lautet wie folgt:

„An die Jugend!

Sie haben mich tief beglückt und sehr erfreut, daß Sie mich zum Vorsitzenden dieser jährlichen Versammlung erwählt haben. Es giebt keine bessere, liebenswürdigere Gesellschaft und hauptsächlich kein sympathischeres Auditorium, als die Jugend, vor der sich das Herz weit öffnet, voll des Wunsches, geliebt und beachtet zu werden. Aber ach! Ich befinde mich bereits in dem Alter, in dem man die vergangene Jugendzeit zu beklagen anfängt und wo man bereits für die neu heranwachsenden Generationen zu sorgen pflegt. Dieselben werden sowohl unsere Richter sein als auch unsere Werke fortsetzen. Von ihnen hängt die Gestaltung der Zukunft ab, und ich lege mir daher mit Unruhe die Frage vor, was sie von dem Unsrigen abschaffen und was sie beibehalten werden, wie es unserem Werke in ihren Händen ergehen wird, denn erst in ihren Händen wird es zu einem Werke werden, erst dann wird es existieren, wenn sie es aufnehmen, um es zu erweitern und bis zu Ende zu führen. Deswegen beobachte ich eifrig den Gedankengang der zeitgenössischen Jugend, lese die maßgeblichen Zeitungen und Journale und bemühe mich, den neuen Geist, der die Schulen belebt, kennen zu lernen, und schließlich zu erkennen, welchem Ziele Ihr alle zustrebt – Ihr, die Ihr den Verstand und Willen der Zukunft ausmacht. In der That, meine Herren, es ist hier Egoismus im Spiel, ich will es nicht verhehlen. Ich gleiche einem Arbeiter, der den Bau eines Hauses vollendet, in dem er den Rest seiner Tage zuzubringen hofft, und der sich beunruhigt, was es für Wetter geben wird. Ob nicht der Regen den Mauern schaden könnte? Oder daß nicht plötzlich ein Nordwind sich erhebe und das Dach vom Hause herunterreiße. Und hauptsächlich, ob er das Haus auch stark gebaut habe, ob es vor einem Sturm bestehen könnte. Ob das Material dauerhaft sei, und ob Unglücksfälle vorhergesehen seien. Ich sage damit nicht, daß ich der Meinung bin, es könnten irgend welche menschlichen Werte ewig und endgültig sein. Die größten unter ihnen müssen sich damit zufrieden geben, nur einen Moment in der fortlaufenden Entwickelung des menschlichen Verstandes auszumachen. Es reicht vollkommen hin, sich, wenn auch nur für die allerkürzeste Zeit, als den Wortführenden einer Generation zu fühlen. Und da es unmöglich ist, die Literatur aufzuhalten, sondern alles sich fortschreitend entwickelt, alles von neuem anfängt, so muß man gewärtig sein, jüngere entstehen und aufwachsen zu sehen, die Euch ersetzen oder vielleicht gar das Andenken an Euch vertilgen werden. Ich will durchaus nicht sagen, daß die alte Kampflust, die in mir lebt, nicht zu Zeiten in mir den Wunsch aufkommen läßt, mich zu widersetzen, wenn ich sehe, daß man mein Werk angreift. Aber ich verhalte mich in der That dem kommenden, künftigen Jahrhundert gegenüber mehr neugierig als empört, bringe ihm mehr warmes Mitgefühl als persönliche Unruhe entgegen, und möge ich selbst, möge unser ganzes Geschlecht untergehen, sofern wir wirklich dadurch der kommenden Generation förderlich sind und ihr den Weg zum Lichte leichter machen.

Meine Herren! Ich höre beständig sich darüber äußern, daß der Positivismus in den letzten Zügen liegt, daß der Naturalismus bereits tot, daß die Wissenschaft, ehe man sich dessen versehen werde, ihrem Bankerott nahe sei, da sie dem Menschen nicht die sittliche Welt und das Glück gegeben, die sie ihm versprochen. Sie werden wohl begreifen, daß ich hier nicht die großen Aufgaben lösen will, die durch diese Frage berührt werden. Ich bin ein Unwissenden Ich habe kein Recht, im Namen der Wissenschaft und der Philosophie zu reden. Wenn Sie es wissen wollen, so schreibe ich einfach Romane, bin ein Schriftsteller, der manchmal etwas richtig erfaßt, und meine ganze Bedeutung besteht darin, daß ich viel beobachtet und viel gearbeitet habe. Und ich werde mir blos in der Eigenschaft eines Zeugen darüber zu sprechen erlauben, was meine Generation gewesen, oder wenigstens hatte sein wollen; es sind Leute, die fast fünfzig Jahre alt sind und die Eure Generation bald Eure Vorfahren nennen wird. Vor einigen Tagen setzte mich das besondere Aussehen der Ausstellungssäle auf dem Marsfelde sehr in Verwunderung. Man nimmt an, daß die Bilder immer ein und dieselben sind. Das ist eine irrige Annahme, daß diese Wandlungen langsam vor sich gingen; wie groß aber würde das Erstaunen sein, wenn man die früheren Ausstellungen wieder ins Leben rufen könnte! Was mich betrifft, so entsinne ich mich sehr gut der akademischen und romantischen Ausstellungen vom Jahre 1863. Die Arbeiten *à plein air* feierten noch keine Triumphe, es herrschte eine gewisse Manie, in den Bildern einen gebräunten Ton, das Halbdunkel des Ateliers vorherrschen zu lassen. Dann erinnere ich mich der Ausstellungen, die fünfzehn Jahre später stattfanden, nachdem sich der siegreiche und der so bestrittene Einfluß des Herrn Maire geltend gemacht hatte. Da erglänzte der helle Ton des vollen Sonnenlichtes. Das war gleichsam ein Meer von Licht, da gab sich das Streben nach Wahrheit kund, das jeden Rahmen in ein Fenster verwandelte, das auf die freie Natur hinaus ging, die sich in hellem Lichte badete. Und gestern, nach Verlauf weiterer fünfzehn Jahre, konnte ich wiederum bemerken, daß sich inmitten dieser lebendigen Werte gleichsam eine Art mystischen Nebels erhebt. Auch hier macht sich das Bestreben nach Wahrheit bemerkbar, aber die Wirklichkeit nimmt andere Gestaltungen an: die Gestalten verlängern sich gleichsam, das Bedürfnis nach Originalität und Neuheit läßt den Künstler die Grenzen seiner Einbildung überschreiten.

Wenn ich von diesen drei Stadien der zeitgenössischen Malerei spreche, so geschieht es deshalb, weil sie, wie es mir scheint, sehr deutlich den Ideengang unserer Zeit bezeichnen. In der That hat meine Generation, nach den berühmten Vorgängern, deren Nachfolger wir waren, sich bemüht die Fenster zur Erkenntnis der Natur weit zu öffnen, alles zu sehen, alles zu sagen. Auch die, welche am wenigsten sich unter ihnen dessen bewußt waren, machten fortwährende Anstrengungen auf dem Gebiete der positiven Philosophie und sowohl der analytischen als auch der empirischen Wissenschaften. Wir waren ganz von der Wissenschaft erfüllt, die uns von allen Seiten umgab, wir gingen darin auf, indem wir die Luft jener Zeit einatmeten. Jetzt kann ich es gestehen, daß ich selbst ein Anhänger dieser Richtung gewesen, der die strenge, wissenschaftliche Methode in das Gebiet der Literatur zu verpflanzen bestrebt war. Wo aber findet man einen Menschen, der nicht im Kampfe über die Grenzen des Nötigen hinausgeht und sich mit dem Siege begnügt, ohne dessen Vorteile zu beeinträchtigen. Übrigens beklage ich nichts und fahre fort an die Macht der Leidenschaftlichkeit zu glauben, die Wünsche hat und thätig ist. Und welcher Enthusiasmus und welche Hoffnungen beseelten uns damals! Alles wissen, alles, alles vermögen, alles besiegen! Die Menschheit vermittelst der Wahrheit erhaben, glücklich zu machen! Und jetzt nun meine Herren, die Sie zur Jugend gehören, treten Sie auf die Scene. Ich sage ‚Jugend' und spreche damit etwas Unbestimmtes, Fernes, etwas Tiefes wie das Meer aus: denn wo ist sie, diese Jugend? Was wird sie in Wirklichkeit sein? Wer ist dazu berufen in ihrem Namen zu reden? Ich muß mich an die Ideen halten, die man ihr zuzuschreiben pflegt. Und wenn viele von Ihnen die Ansichten nicht teilen, so bitte ich im voraus, mir zu verzeihen. Ich wende mich mit ihnen an diejenigen, die uns durch ungewisse Nachrichten getäuscht, die sicherlich mehr ihren Wünschen, als der Wirklichkeit entsprachen.

Man versichert uns also, meine Herren, daß Ihre Generation mit der unsrigen bricht, daß Sie bereits Ihre ganze Hoffnung nicht mehr auf die Wissenschaft richten, daß Sie es für eine soziale und sittliche Gefahr erachten, alles auf der Wissenschaft beruhen zu lassen, daß Sie zur Vergangenheit zurückzukehren und sich aus den Überresten der früheren Meinungen ein lebendiges Glaubenssystem zu schaffen sich entschlossen haben. Freilich kann von keinem vollständigen Bruche mit der Wissenschaft die Rede sein. Man ist der Ansicht, daß Sie die erwiesenen Wahrheiten anerkennen und man bemüht sich, dieselbe den alten Dogmas anzupassen. In Wirklichkeit hat die Wissenschaft mit dem Glauben nichts zu thun. Man verweist sie auf ihren früheren Platz. Sie ist solange eine einfache Übung des Geistes und eine erlaubte Forschung, bis sie nicht in das Gebiet des Übernatürlichen und des jenseitigen Lebens hinübergreift. Man sagt, daß der Versuch schon gemacht, daß die Wissenschaft nicht fähig sei, den Himmel, den sie entvölkert, von neuem zu bevölkern und den Gemütern das Glück wiederzugeben, deren naiven Frieden sie gestört hat. Die Zeit ihres Pseudo-Triumphes ist zu Ende. Sie sieht sich genötigt, bescheiden zu sein, da sie nicht alles wissen, nicht alles mit einem Male bereichern, nicht alles heilen kann. Und wenn man es auch noch nicht wagt der Intelligenz unter der Jugend zu predigen, sie möge ihre Bücher fortwerfen und ihre Lehrer verlassen, so giebt es bereits Heilige und Propheten, die unter die Leute gehen, die Tugend der Unwissenheit, die klare Einfachheit und die Notwendigkeit für die zu sehr gelehrte und alt gewordene Menschheit sich in den Tiefen eines prähistorischen Dorfes der Voreltern zu erfrischen, anzupreisen suchen.

Ich will nicht die Existenz der Krisis leugnen, die wir durchleben; das ist – die Müdigkeit und Empörung am Ende dieses Jahrhunderte, nach einer so fieberhaften und kolossalen Arbeit, deren Zweck darin bestand, alles wissen, alles sagen zu wollen. Es fehlen, als ob die Wissenschaft, die eben erst die alte Welt in Trümmer geschlagen, sie lebendig nach dem Ideale erneuern müsse, das wir von der Gerechtigkeit und dem Glücke haben. Man wartete 20, 50, ja 100 Jahre. Dann aber, als man sah, daß dennoch keine Gerechtigkeit herrsche, daß das Glück nicht kommen wollte, ergab man sich einer immer wachsenden Ungeduld, man geriet in Verzweiflung und leugnete sogar das, daß der Wille zur Glückseligkeit vermittelst des Wissens erreichbar sei. Es ist eine bekannte Erscheinung: es giebt keine Wirkung ohne eine Reaktion und wir bemerken hier eine unausbleibliche Müdigkeit, die die Folge langer Reisen ist: die Leute setzen sich an den Rand des Weges und verzweifeln beim Anblick der endlosen Ebene des folgenden, sich entfaltenden Jahrhunderts jemals zum Ziele zu kommen. Ja sie gehen soweit, daß sie sogar daran zweifeln, daß sie eine Strecke Weges zurückgelegt, es bedauern, daß sie sich nicht ins Feld gelegt, um da die ganze Ewigkeit hindurch zu schlafen. Wozu denn gehen, wenn das Ziel beständig entrückt wird? Wozu wissen, wenn es unmöglich ist, alles zu wissen? Es ist besser, in der schlichten Einfalt, in der glücklichen Unwissenheit des Kindes zu leben. So erscheint es den Leuten, daß die Wissenschaft, die das Glück versprochen haben soll, in unseren Augen Bankerott gemacht hat.

Aber hat denn die Wissenschaft das Glück versprochen? Ich glaube das nicht. Sie hat Wahrheit versprochen, und es ist die Frage, ob man aus der Wahrheit Glück machen könne. Um sich mit ihr zu begnügen, gehört ohne Zweifel viel Stoizismus, viel Selbstentsagung, viel Klarheit des befriedigten Verstandes, den man nur bei wenigen Auserwählten findet. Welcher Schrei der Verzweiflung erschallt aber andererseits inmitten der leidenden Menschheit! Wie soll man ohne Lüge und Illusion leben? Wenn nicht irgendwo eine andere Welt existiert, in der Gerechtigkeit herrscht, wo der Reichste bestraft und die Guten belohnt werden, wie soll man ohne Empörung dieses widerwärtige Leben zu Ende leben? Die Natur ist ungerecht und grausam, und die Wissenschaft führt uns gleichsam zum verkrüppelten Rechte des Stärkeren, so daß jede Sittlichkeit zerstört ist und jede Gesellschaft dem Despotismus anheimfällt. Und diese Reaktion, diese Ermattung von dem Übermaß des Wissens, von der ich Ihnen gesprochen habe, enthält eine Abweichung von der Wahrheit, die schlecht erklärt worden und in unseren Augen, die noch unfähig sind, alle Gesetze zu begreifen und zu erfassen, grausam erscheint. Nein, nein, laßt uns zum ruhigen Schlafe der Unwissenheit zurückkehren! Die Wirklichkeit ist eine Schule der Entstellung; man muß sie vernichten und verneinen, da die Wirklichkeit blos etwas Unförmliches, ein Verbrechen ist – und die Menschen ergeben sich der Phantasie, und es giebt für uns keine andere Rettung, als uns der Erde zu entrücken, dem Übersinnlichen zu vertrauen und zu hoffen, daß wir dort endlich Befriedigung unserer Wünsche nach Brüderlichkeit und Gerechtigkeit finden werden. Diesen verzweifelten Appell an das Glück hören wir nun jetzt. Er rührt uns unendlich. Und bemerkt, daß er jetzt von allen Seiten wie ein Klagegeschrei inmitten der dröhnenden Fortschrittsbewegungen der Wissenschaft erschallt, die ihre

Räder und Maschinen nicht stille stehen läßt. Wir haben genug Wahrheit, gebt uns Chimären! Wir werden nur dann Ruhe finden, wenn mir davon schwärmen, was nicht existiert, wenn wir uns in das Gebiet des Unendlichen und Übersinnlichen versteigen werden; nur dort entfalten sich jene mystischen Blumen, deren Geruch unser Leiden betäubt. Die Musik hat darauf bereits Antwort gegeben, die Literatur bestrebt sich diesem neuen Bedürfnis zu entsprechen, die Malerei paßt sich der neuen Mode an. Ich habe Ihnen von der Ausstellung auf dem Marsfelde gesprochen; Sie erblicken dort die Blüten dieser neuen Flora der alten Malerei auf den Fenstern, auf den magern Madonnengesichtern, Geistererscheinungen im Dämmerlicht, starre Gesichter mit dem steifen Geiste der Primitivisten. Das ist eine Reaktion gegen den Naturalismus, der tot und begraben ist, wie man uns sagt. In jedem Falle ist die Bewegung unzweifelhaft, da sie alle Äußerungen des Geistes beherrscht, man muß mit ihr rechnen, muß sie kennen lernen und sie erklären, wenn man nicht an dem morgigen Tage verzweifeln will.

Was mich betrifft, meine Herren, sehe ich als alter und eingefleischter Positivist darin nur eine unvermeidliche Pause in der fortschreitenden Bewegung. Ein eigentlicher Stillstand ist nicht vorhanden, da unsere Bibliotheken, Laboratorien, Amphitheater und Schulen nicht leer geworden sind. Auch flößt das mir Vertrauen ein, daß der soziale Boden sich nicht verändert hat, sondern noch immer derselbe demokratische Boden bleibt, auf dem unser Jahrhundert sich entfaltet hat. Damit eine andere Kunst erblühe, damit ein neuer Glaube der Bewegung der Menschheit eine andere Richtung gebe, ist es notwendig, daß dieser neue Glaube auch einen neuen Boden habe, in dem er aufwachsen könnte, weil es keine neue Gesellschaft ohne einen neuen Boden geben kann. Ein Glaube ersteht nicht wieder, und aus veralteten Religionen kann man blos eine Mythologie zusammenstellen.

Daher wird das folgende Jahrhundert blos eine Bekräftigung des unsrigen hinsichtlich des demokratischen und wissenschaftlichen Aufschwunges sein, der uns alle fortgerissen und der fortdauert. Alles, was ich zugeben kann ist das, daß wir in der Literatur zu sehr den Horizont beschränkt haben. Ich habe bereits selbst bedauert, daß ich ein Abtrünniger war, der in der Kunst sich nur an die eben erst bewiesenen Wahrheiten zu halten wünschte. Die neuen Ankömmlinge haben neue Horizonte entdeckt, nachdem sie das Unbekannte und das Geheimnisvolle an sich gerissen, und sie thaten gut daran. Zwischen den Wahrheiten, die durch die Wissenschaft festgestellt und daher unerschütterlich sind, und den Wahrheiten, die dieselbe morgen dem Gebiete des Unbekannten entreißt, um sie ihrerseits zu bekräftigen, giebt es ein unbestimmtes Feld von Zweifeln und Forschungen, das, wie mir scheint, ebenso der Literatur wie der Wissenschaft angehört.

Hierin nun vermögen wir unser Werk als Fortschrittspioniere zu erfüllen, indem wir nach Maßgabe unseres Charakters und unserer Geisteskraft die Wirkungen der unbekannten Kräfte zu erklären suchen. Ist ja das Ideal nichts anderes, als etwas Unerklärliches, als Kräfte jener endlosen Welt, in der wir leben, ohne diese Kräfte zu kennen. Und wenn wir nun eine Lösung ausfindig machen können, die dass Unbekannte erklärt, können wir dann wirklich an der Richtigkeit der entdeckten Gesetze zweifeln, indem wir sie uns anders vorstellen und sie gerade dadurch leugnen? Je mehr die Wissenschaft fortschreitet, verschwindet auch unbedingt das Ideal, und es scheint mir, daß der einzige Sinn des Lebens, die einzige Freude, die man im Leben finden soll, in dieser langsamen Eroberung besteht, obgleich wir die traurige Gewißheit haben, daß wir nie alles kennen lernen werden.

In dieser trüben Zeit, in der wir jetzt leben, meine Herren, in unserer Zeit, die so übersättigt und neuerungssüchtig ist, sind Seelenhirten aufgestanden, die sehr besorgt sind und der Jugend den Glauben warm empfehlen. Das Anerbieten ist großmütig, leider aber wird dieser Glaube verändert und entstellt je nach dem Propheten, der denselben anpreist. Der Glaube tritt sehr verschiedenartig auf, doch scheint er mir in keiner Art weder sehr klar, noch sehr bekannt zu sein. Man beschwört Sie zu glauben, ohne Ihnen zu sagen, woran Sie glauben sollen. Vielleicht ist dies unmöglich, vielleicht aber können Sie sich noch nicht dazu entschließen. Man fordert Sie auf zu glauben, damit Sie des Glückes, des Glaubens teilhaftig seien, hauptsächlich, damit Sie zu glauben lernen. Die Frage ist an und für sich nicht schlecht: es ist freilich ein großes Glück, auf die Gewißheit des Glaubens, welcher Art er auch sein mag, bauen zu können; das Unglück aber ist, daß sich dieser Segen nicht leiten läßt: es bläst, wo es will.

Ich will also meinerseits schließen, nachdem ich Ihnen ebenfalls einen Glauben angepriesen, da ich Sie beschwöre, Glauben an die Arbeit zu haben. Arbeiten Sie, meine Herren! Ich weiß, wie banal dieser Rat erscheinen mag. Es geht kein öffentlicher Schulaktus vorüber, an dem er nicht der gleichgiltigen Schülerschar ans Herz gelegt wird. Aber ich bitte Sie über denselben nachzudenken und erlaube mir, der ich allezeit nur ein Arbeiter gewesen, Ihnen von jener Wohlthat zu sprechen, die ich aus jener langen Arbeit geschöpft, welche mein ganzes Leben erfüllt hat. Mein Eintritt ins Leben ging unter schwierigen Umständen vor sich: ich habe sowohl Not wie Verzweiflung kennen gelernt, kämpfte dann, was ich noch jetzt thue, da ich verleugnet, durchgehechelt, von Beleidigungen überschüttet werde. Doch was kümmert mich das! Ich hatte nur einen Glauben, eine Kraft – die Arbeit. Mich hielt nur jene ungeheure Arbeit aufrecht, die ich mir gestellt, vor mir stand stets jenes Ziel, dem ich zustrebte – und das war genügend, um mich zu erheben, mich zu ermutigen, wenn das schlimme Leben mich zu erdrücken suchte. Die Arbeit, von der ich Ihnen spreche, ist eine regelmäßige Arbeit, eine tägliche, eine Lektion, eine Pflicht, die ich mir gestellt, in meinem Werke täglich, wenn auch nur einen Schritt, vorwärts zu kommen. Wie oft setzte ich mich morgens an meinen Schreibtisch, obgleich ich mich unfähig zum Arbeiten, oder eine Bitterkeit im Munde fühlte oder von einem physischen oder moralischen Schmerz gequält wurde. Und jedes Mal war mir meine Arbeit, ungeachtet meines Leidens, eine Erleichterung und eine Kräftigung. Ich ging immer getröstet von meiner täglichen Beschäftigung fort, vielleicht mit gebrochenem Herzen, aber mit Mut und Kraft bis morgen zu leben.

Arbeit! Meine Herren, bedenken Sie nur, das sie das einzige Gesetz der Welt ausmacht, daß sie jener Regulator ist, der die organische Materie zu dem ihr bekannten Ziele hintreibt. Das Leben hat keinen anderen Zweck, keinen anderen Existenzgrund, wir alle entstehen nur dazu, um unsern Anteil an Arbeit zu verrichten und dann zu verschwinden.

Das Leben ist nichts Anderes als eine übertragene Bewegung, die es erhält und weiter überträgt, und die in Wirklichkeit nichts Anderes ist als Arbeit, als die Arbeit eines großen Werkes, das in Jahrhunderten vollendet wird. Wie sollten wir daher nicht bescheiden sein und nicht die Aufgabe übernehmen, die jedem von uns aufgegeben ist, ohne Empörung und ohne dem Stolze unseres ‚Ich' nachgebend, das sich als Zentrum betrachtet und nicht mit in die Reihen treten will.

Es scheint mir, daß in jeden Menschen, selbst in den gequältesten, Ruhe einkehren muß, sobald wir diese Aufgabe auf uns genommen haben. Ich weiß, daß es Gemüter giebt, die sich mit Gedanken über die Unendlichkeit quälen, die unter der Macht des Geheimnisvollen leiden. An diese nun wende ich mich brüderlich und rate ihnen, ihr Leben mit irgend einer großen Arbeit auszufüllen, von der sie das Ende am liebsten nicht voraussehen könnten. Das ist jener Pendel, der ihnen die Möglichkeit verleiht gerade zu gehen, das ist eine beständige Zerstreuung, das ist das Korn, das dem Geiste zugeführt wird, daß er es mahle und aus ihm das nötige Brot mit dem süßen befriedigten Bewußtsein erfüllter Pflicht bereite. Das entscheidet freilich keine metaphysische Aufgabe, das ist blos ein empirisches Mittel, um sein Leben ehrlich und ruhig zuzubringen; aber ist es denn zu gering, physische und moralische Gesundheit zu erlangen, die Gefahren der Phantasien zu vermeiden, indem man die Frage des größtmöglichen auf dieser Erde zu erlangenden Glückes durch die Arbeit zu lösen sucht? Ich gestehe, ich habe niemals Chimären vertraut. Es giebt nichts Ungesunderes sowohl für den einzelnen Menschen als wie auch für ganze Völker als der Irrtum: er hindert die

Bestrebungen, verblendet, er macht die Eitelkeit der Schwachen aus. Im Glauben an die Legenden fortfahren, sich die Wirklichkeit zu verheimlichen suchen, zu glauben, daß es genügend sei von Kraft zu träumen, um kräftig zu sein: – wir haben gesehen, wohin, zu welch' großem Unglück das führt. Man sagt den Völkern, daß sie nach oben sehen, daß sie an eine höhere Macht glauben sollen, damit sie zu den Idealen emporsteigen.

Nein, Nein! Solche Reden scheinen mir zuweilen gottlos zu sein. Ein starkes Volk ist nur dasjenige, das arbeitet, und nur die Arbeit verleiht Mut und Glauben. Um zu siegen, ist es notwendig, daß die Arsenale voll seien, daß die Ausrüstung eine solide und verbesserte, daß das Heer eingeübt sei, und seinen Vorgesetzten und sich selbst vertraue. Das alles kann erworben werden.

Dazu gehört nur ein guter Wille und eine gute Methode. Das kommende Jahrhundert, die endlose Zukunft gehört der Arbeit. Daran möge man nicht zweifeln! Und sehen wir nicht in dem sich erhebenden Sozialismus die Anfänge des sozialen Gesetzes der Zukunft, des Gesetzes der Arbeit für Alle, die da befreit und versöhnt?

Jünglinge, junge Leute, macht Euch ans Werk! Möge sich Jeder an die Arbeit machen, die sein Leben ausfüllen soll. Wie bescheiden dieses Werk auch sein mag, es wird nichtsdestoweniger nützlich sein, es bestehe worin es wolle, wofern es uns nur erhebt. Wenn Ihr sie ohne Übermüdung treiben werdet, indem Ihr täglich soviel arbeitet, wieviel Ihr könnt, wird sie Euch die Möglichkeit geben, gesund und heiter zu leben und sich von den Qualen des Unendlichen zu befreien. Eine wie gesunde und große Gesellschaft von Menschen würde die Gesellschaft sein, in welcher jedes Mitglied seinen logischen Teil an Arbeit beitragen würde. Der Mensch, der arbeitet, ist immer gut. Und deswegen bin ich überzeugt, daß der einzige Glaube, der uns retten kann, der Glaube an die vollbrachte Anstrengung ist. Schön ist es von der Einigkeit zu schwärmen, aber für einen ehrlichen Menschen ist es genügend, dieses Leben zu beschließen, nachdem er sein Werk gethan hat."

Zola billigt es nicht, daß die neuen Lehrer der Jugend den Glauben an etwas Unbestimmtes und Unklares anempfehlen, und er hat darin vollständig recht, leider aber empfiehlt er ihr seinerseits ebenfalls einen Glauben und zwar einen Glauben an etwas noch Unklareres und Unbestimmteres: an die Wissenschaft und an die Arbeit.

Zola hält die Frage, was jene Wissenschaft sei, an die zu glauben man nicht aufhören dürfe, gleichsam für vollständig entschieden und unzweifelhaft! Arbeiten im Namen der Wissenschaft! Das aber ist es eben, daß das Wort „Wissenschaft" einen sehr weiten und wenig bestimmten Begriff bildet, so daß dasjenige, was die einen für Wissenschaft, d. h. für eine sehr wichtige Sache halten, von andern und vom größten Teil der Menschheit, dem Arbeitervolke, als unnötige Dummheit betrachtet wird. Und man kann nicht sagen, daß dies nur davon herrühre, weil das Arbeitervolk ungebildet und nicht imstande ist, die ganze Tiefsinnigkeit der Wissenschaft zu begreifen: die Gelehrten selbst wollen die gegenseitigen Meinungen nicht anerkennen. Die einen halten die Philosophie, die Theologie, die Jurisprudenz, die politische Ökonomie für die Wissenschaft der Wissenschaften; andere Gelehrte – die Naturwissenschaftler – halten das für die allernichtigste, unwissenschaftliche Sache, und umgekehrt erklären die Spiritualisten, Philosophen und Theologen das, was die Positivisten für die wichtigste Wissenschaft halten, wenn nicht für eine schädliche, so doch unnütze Beschäftigung. Außerdem hat jedes System auf ein und demselben Gebiet selbst inmitten seiner Priester seine warmen Verteidiger und Gegner, die gleich kompetent sind und diametral das Gegenteil behaupten. Zudem herrschen beständig auf jedem Gebiete solche wissenschaftlichen Zustände, die sich plötzlich, nachdem sie sich manchmal ein Jahr, manchmal Jahrzehnte hindurch behauptet haben, als Irrtümer erweisen und eiligst von denen vergessen werden, die für dieselben Propaganda gemacht hatten.

Wir alle wissen ja, daß das, was von den Römern ausschließlich für eine Wissenschaft und für eine sehr wichtige Sache gehalten wurde, womit sie sich brüsteten, ohne welches sie den Menschen für einen Barbaren hielten, daß dies die Rhetorik war, das heißt eine solche Fertigkeit, über die wir jetzt lachen und die wir nicht nur nicht für eine Wissenschaft, sondern für dummes Zeug erachten. Wir wissen auch, daß das, was im Mittelalter für eine Wissenschaft und allerwichtigste Sache gehalten wurde, die Scholastik war, über die wir jetzt ebenfalls lachen. Und ich glaube, es bedarf keines besonderen Scharfsinns, um in der ungeheuren Zahl von Kenntnissen, die in unserer Welt für etwas Wichtiges erachtet und Wissenschaft genannt wird, auch solche ausfindig zu machen, über die unsere Nachkommen gleichfalls die Achseln zucken werden, wenn sie von dem Ernst hören, mit dem wir uns mit unserer Scholastik und Rhetorik beschäftigt haben – Gegenstände, die in unserer Zeit als Wissenschaft anerkannt wurden.

In unserer Zeit fallen die Menschen, nachdem sie sich von einem Aberglauben befreit haben, ohne es zu merken, andern anheim, die nicht weniger unberechtigt und schädlich als die sind, von denen sie sich soeben losgesagt haben. Nachdem sich die Menschen vom Aberglauben veralteter Religionen losgesagt, verfielen sie dem wissenschaftlichen Aberglauben. Es scheint anfangs, daß der Glaube der Ägypten, daß es einen Vogel Phönix gegeben, keinen Zusammenhang hat mit dem Glauben unserer Zeit, daß die Welt durch Drehung der Materie und aus dem Kampfe der Wesen entstanden, daß das Verbrechen erblich sei, und daß es Mikroorganismen in Gestalt von Kommata giebt, von denen gewisse Krankheiten entstehen u.s.w. Es scheint, daß zwischen diesen Annahmen nichts Gemeinsames herrscht, aber das scheint nur.

Man braucht sich nur in den geistigen Zustand eines alten Ägypters zu versetzen, als ihm von seinen Priestern sein Glaube vorgelegt wurde, um sich davon zu überzeugen, daß die Grundlagen, auf denen er den Glauben angenommen und diejenigen, auf denen von den Leuten unserer Zeit verschiedene wissenschaftliche Systeme angenommen werden, nicht nur ähnlich, sondern vollkommen identisch sind.

Wie der Ägypter nicht eigentlich an den Vogel Phönix glaubte, sondern daran, daß es Leute giebt, die unzweifelhaft die höchste, dem Menschen zugängliche Wahrheit kennen, und daß es deshalb gut sei, an sie zu glauben – so glauben auch die Leute unserer Zeit nicht an die Dawinsche Theorie der Erblichkeit und an die Kommabacillen, sondern an alles das, was ihnen die Priester der Wissenschaft für Wahrheit ausgeben, deren eigentliche Thätigkeit für die Gläubigen ebenso geheimnisvoll bleibt, wie es für die Ägypter die Thätigkeit ihrer Priester war.

Ich erlaube mir sogar das zu sagen, daß ich wiederholt bemerkt habe, daß die sogenannten Männer der Wissenschaft nicht selten ebenso verfahren, wie die alten Priester, die tapfer logen und das für Wahrheit ausgaben, was ihnen in den Kopf kam, da sie nur von ihresgleichen, von Priestern, kontrolliert wurden.

Die ganze Rede des Herrn Zola ist gegen die Lehrer der Jugend gerichtet, die dieselbe zur Rückkehr zu veralteten Glaubenstheorien auffordern, und Herr Zola hält sich für ihren Gegner. In Wirklichkeit aber sind die, für die er kämpft, d. h. die Repräsentanten der Wissenschaft, Leute eines Lagers, und wenn sie sich ordentlich ihrer Bestrebungen bewußt werden sollten, so haben sie keinen Grund, mit einander zu streiten: *querelles d'amoureux*, wie Dumas sagt. Sowohl diese wie jene suchen die Grundlagen des Lebens und seine Triebkräfte nicht in sich, noch in ihrer eigenen Vernunft, sondern in den äußeren Formen des Lebens; die einen darin, was sie Religionen, die andern darin, was sie Wissenschaft nennen. Die einen – d. h. diejenigen, die Rettung in der Religion suchen, schöpfen sie aus den alten Überlieferungen von dem alten Wissen anderer Leute und wollen sich diesem fremden, alten Glauben anvertrauen, die andern, die das Heil darin suchen, was sie Wissenschaft nennen, suchen es nicht in ihrem eigenen Wissen, sondern in dem Wissen anderer Leute und glauben an dieses fremde Wissen. Die einen erblicken das Heil der Menschheit in einem verbesserten, erneuerten oder gereinigten Katholizismus, andere erblicken es in der Gesamtheit der zufälligsten, verschiedenartigsten und unnötigsten Kenntnisse, die sie Wissenschaften nennen, und für etwas selbständig Wirkendes, Wohlthätiges halten, das daher alle Mängel des Lebens beseitigen und der Menschheit das erreichbar höchste Glück gewähren müsse. Die einen wollen gleichsam nicht sehen, daß das, was sie wiederherstellen wollen, bloß ein leeres Gehäuse ist, aus dem der Schmetterling längst entflohen und der jetzt seine Eierchen an einer anderen Stelle legt, und daß diese Wiederherstellung nicht nur nicht dem Leiden unserer Zeit Abhilfe schaffen, sondern es sogar verstärken kann, weil sie die Leute veranlaßt, ihre Blicke abseits zu wenden. Die andern ihrerseits wollen es nicht einsehen, daß dasjenige, was sie für Wissenschaft halten, eine zufällige Sammlung von gewissen Kenntnissen ist, die in der Gegenwart einige müßige Leute interessieren und entweder ein unschuldiger Zeitvertreib für reiche Leute oder besten Falls ein Werkzeug des Bösen oder des Guten sind, je nachdem in welchen Händen sie sich befinden, an und für sich jedoch nichts besser machen können. In Wirklichkeit, im Grunde ihres Herzens glauben weder die einen noch die andern an die Wirksamkeit des Mittels, das sie anbieten: sondern die einen wie die anderen wollen in gleicher Weise die eigenen Blicke und die Blicke der anderen Menschen durch etwas von dem Abgrunde abwenden, vor dem die Menschheit bereits steht, in welchen sie unvermeidlich stürzen muß, wenn sie auf demselben Wege fortschreitet. Die einen erblicken dies Ableitungsmittel im Mystizismus, andere, deren Sprecher Zola ist, in der betäubenden Wirkung der Arbeit im Dienste der Wissenschaft.

Der Unterschied zwischen diesen und jenen besteht nur darin, daß die einen an eine alte Weisheit glauben, deren Lüge bereits enttrohnt ist, – die andern aber an eine neue Lüge, die noch nicht enttrohnt ist und die deshalb noch gewisse naive Leute mit ehrfurchtsvollem Zagen erfüllt. Der Aberglaube ist im letzten Falle kaum geringer, als im ersten. Der Unterschied ist blos der, daß der eine Aberglaube der Vergangenheit, der andere der Gegenwart angehört.

Wird es daher ebenso nicht gefährlich sein, dem Rate des

Herrn Zola zu folgen, und sein Leben dem Dienste dessen zu weihen, was in unserer Zeit und in unserer Welt für Wissenschaft gehalten wird? Was wird dann sein, wenn ich mein ganzes Leben auf die Erforschungen in der Art von der Erblichkeit nach der Lehre des Herrn Lombroso oder der Kochschen Flüssigkeit oder der Bildung der Schwarzerde durch die Thätigkeit der Würmer oder des vierten Zustandes der Materie nach Kruksow u.s.w. widme und plötzlich vor dem Tode erfahre, daß dasjenige, worauf ich mein ganzes Leben verwandt, dummes Zeug, vielleicht sogar auch etwas Schädliches war, und ich besaß doch nur ein Leben!

Es existiert ein wenig bekannter chinesischer Philosoph Laodsi (die beste Übersetzung seines Buches „Über den Pfad der Tugend" ist die von Stanislaus Julien), dessen Lehre zum größten Teil darin besteht, daß das höchste Gut sowohl der einzelnen Menschen als auch im besonderen der Gesamtheit der Menschen, der Völker nur durch die Erkenntnis des „Tao" erworben werden kann. Das Wort „Tao" wird durch „Weg, Tugend, Wahrheit" übersetzt. Die Erkenntnis des „Tao" kann nur durch das Nichtsthun *„le non agir"*, wie es Julien übersetzt, erlangt werden. Alles Elend der Menschen rührt nach der Laodsischen Lehre nicht so sehr davon her, daß die Menschen nicht das gethan haben, was sie gethan haben sollten, wie davon, daß sie das thun, was sie eigentlich nicht thun müßten. Und deshalb würden sich die Menschen, wenn sie das Nichtsthun beobachten würden (*s'ils pratiquaient le non agir*), nicht allein vom persönlichen, sondern auch vom gesellschaftlichen Elend befreien, welches der chinesische Philosoph besonders im Auge hat.

Und ich bin der Ansicht, daß er vollständig recht hat. Möge jeder fleißig arbeiten! Doch wozu führt es? Der Börsenspieler, der Banquier kehrt von der Börse heim, wo er fleißig gearbeitet hat, der Fabrikant aus seiner Fabrik, wo tausende von Menschen ihr Leben mit der Herstellung von Spiegeln, Tabak, Branntwein zu Grunde richten. Alle diese Leute arbeiten, aber sollte man sie in der That zur Arbeit aufmuntern? Aber es ist vielleicht geboten nur über Leute, die für die Wissenschaft arbeiten, zu reden?

Beständig erhalte ich von verschiedenen Autoren zahlreiche Hefte, oft auch Bücher mit künstlerischen und wissenschaftlichen Arbeiten. Einer hat in endgültiger Form die Frage der christlichen Gnosseologie, ein anderer ein Werk über den kosmischen Aether geschrieben, ein dritter hat die soziale Frage, ein vierter die politische, ein fünfter die östliche Frage gelöst, der sechste giebt ein Journal heraus, das sich mit der Erforschung der geheimnisvollen Kräfte des Geistes und der Natur beschäftigt. Alle diese Leute arbeiten fleißig und unaufhörlich für die Wissenschaft, aber ich glaube, daß die Zeit und Mühe nicht allein dieser Schriftsteller, sondern auch vieler anderer nicht nur fruchtlos verloren sind, sondern diese Benutzung der Zeit und dieses Arbeiten sogar noch schädlich waren. Erstens waren sie deshalb schädlich, weil tausende von anderen Menschen mit den Vorbereitungen für diese Schreibereien beschäftigt waren, das Papier, die Schrift, den Satz, den Druck herstellten und hauptsächlich alle diese Märtyrer der Wissenschaft fütterten und kleideten außerdem noch dadurch, daß alle diese Autoren, anstatt ihre Schuld der Gesellschaft gegenüber zu fühlen, wie sie dieselbe gefühlt, wenn sie Karten oder dass Haschespiel gespielt hätten, mit ruhigem Gewissen ihre Arbeit fortsetzen, die niemand braucht.

Wer kennt nicht diese für die Wahrheit hoffnungslosen und oft grausamen Leute, die immer so beschäftigt sind, daß sie nie Zeit haben, hauptsächlich nie Zeit haben das zu bedenken, ob jemand die Arbeit braucht, mit der sie sich so fleißig beschäftigen, oder ob sie vielleicht gar schädlich sei. Sie sagen diesen Leuten: „Ihre Arbeit ist aus dem und dem Grunde unnütz, warten Sie, wollen wir uns die Sache überlegen!" Sie werden Sie nicht anhören und erwidern sogar ironisch: „Sie haben gut urteilen, wenn Sie nichts zu thun haben, aber ich bin mit der Untersuchung, wieviel Mal das und das Wort von dem und dem alten Schriftsteller gebraucht worden ist, beschäftigt," – oder: „Ich beschäftige mich mit der Definition der Formen der Atome", oder „der Telepathie" u.s.w. u.s.w.

Außerdem noch rief jene erstaunliche, besondere im westlichen Europa eingerissene Meinung meine Verwunderung wach, daß die Arbeit eine Art Tugend sei. Noch viel früher, ehe ich die Meinung des Herrn Zola gelesen hatte, die so klar in seiner Rede ausgedrückt ist, war ich oft über diese sonderbare Bedeutung, die man der Arbeit zuschreibt, erstaunt.

Konnte ja nur in der Fabel die Ameise, ein Wesen, das des Verstandes und des Strebens nach dem Guten beraubt ist, annehmen, daß die Arbeit eine Tugend sei und sich derselben brüsten.

Herr Zola sagt, daß die Arbeit den Menschen gut macht; ich habe aber immer das Entgegengesetzte bemerkt: die Arbeit als solche, der Stolz der Ameise auf ihre Arbeit, macht nicht nur die Ameise, sondern auch den Menschen grausam. Die größten Missethäter der Menschheit waren immer besonders beschäftigt, besorgt, und blieben keinen Augenblick mit sich allein ohne Beschäftigung und Zerstreuung.

Aber wenn sogar die Arbeitsamkeit kein erklärtes Laster ist, so kann sie in keinem Falle eine Tugend sein. Die Arbeit kann ebensowenig eine Tugend sein wie das Sichernähren. Die Arbeit ist ein Bedürfnis, das, wenn es nicht befriedigt wird, ein Leiden, und nicht eine Tugend ausmacht. Die Erhebung der Arbeit zu einer Tugend ist ebenso verdreht wie die Erhebung des Sichernährens der Menschen zu einer Würde und Tugend. Die Arbeit konnte die Bedeutung, die man ihr in unserer Gesellschaft zuschreibt, nur als eine Reaktion gegen den Müßiggang gewinnen, den man zum Merkmal des Adels erhoben hat und den man noch als Merkmal der Würde in reichen und wenig gebildeten Klassen hält. Die Arbeit, die Thätigkeit unserer Organe, bildet für den Menschen immer eine Notwendigkeit, was auch das Gebaren der Kälber beweist, die um den Pfahl springen, an den sie gebunden sind; ebenso beweist dieses das Gebaren der zu den reichen Klassen gehörenden Menschen, der Märtyrer der Gymnastik, der Spiele jeglicher Art: des Karten-, Schachspiels und *lawntennis*, die keine vernünftigere Thätigkeit für ihre Organe finden.

Die Arbeit ist nicht allein nur keine Tugend, sondern sie ist in unserer falsch organisierten Gesellschaft zum größten Teil ein das sittliche Empfindungsvermögen ertötendes Mittel, in der Art, wie es das Tabakrauchen oder dass Trinken geistiger Getränke ist, um vor sich selbst die Unregelmäßigkeit oder die Lasterhaftigkeit des eigenen Lebens zu verheimlichen. „Wann sollte ich denn mit Ihnen über Philosophie, Moralität und Religion sprechen? Ich muß doch eine Zeitung herausgeben, die eine halbe Million Abonnenten hat, ich muß einen Eiffelturm bauen, in Chicago eine Weltausstellung arrangieren, den Panamakanal durchstechen, ich muß den 28. Band meiner Werke, mein Bild, meine Oper vollenden." Wenn die Menschen unserer Zeit nicht immer die Ausrede hätten, daß auf ihnen die sie ganz in Anspruch nehmende Arbeit lastet, könnten sie nicht so leben, wie sie es jetzt thun. Nur Dank dem, daß sie durch diese inhaltslose, meist schädliche Arbeit alle Widersprüche, in denen sie leben, vor sich selbst verheimlichen, nur Dank diesem Umstande können die Menschen so leben wie sie jetzt ihr Leben verbringen.

Und als solches Mittel namentlich stellt Herr Zola die Arbeit seinen Zuhörern dar. Er sagt direkt: „Das ist nur ein empirisches Mittel, um ein ehrliches und ein fast ruhiges Leben führen zu können. Ist das aber etwa wenig, daß man dadurch nicht nur eine gute physische und moralische Gesundheit erlangt, sondern auch die Frage des dem Menschen am leichtesten zu erreichenden Glückes löst?"

Das ist der Rat, den Herr Zola der Jugend unserer Zeit giebt! Etwas ganz Anderes behauptet Dumas.

Sein Brief, den er an den Redakteur des *„Gaulois"* gerichtet hat, lautet folgendermaßen:

„Hochgeehrter Herr!

Sie fragen mich um meine Meinung in Betreff der Bestrebungen, die dem Anscheine nach sich unter der Schuljugend offenbaren und in Betreff der Meinungsverschiedenheiten, die den Begebenheiten in der Sorbonne vorausgingen und dieselben begleitet haben.

Ich würde vorziehen, meine Meinung, worüber es auch sei, nicht zu äußern, da ich wohl weiß, daß es zu nichts führen wird. Diejenigen Menschen, die mit uns auch früher dieselbe Ansicht hegten, werden dieselbe noch einige Zeit beibehalten, diejenigen jedoch, die der entgegengesetzten Meinung waren, werden bei derselben aber immer mehr und mehr beharren. Am besten wäre es, gar nicht zu streiten. ‚Die Meinungen sind den Nägeln gleich', sagte ein Moralist, der zu meinen Freunden gehört; ‚je mehr man auf sie pocht, um so tiefer schlägt man sie hinein.'

Ich will damit nicht sagen, daß ich keine eigene Meinung darüber besitze, was man die großen Weltfragen nennt, und über die verschiedenen Formen, in die augenblicklich der menschliche Verstand jene Gegenstände kleidet, über die er urteilt.

Diese Meinung ist eine so bestimmte und eine so bedingungslose, daß ich dieselbe als meine persönliche Richtschnur nicht laut werden ließe, wenn ich nicht den Anspruch machen würde, etwas zu schaffen oder zerstören zu wollen. Ich müßte dann zu jenen großen politischen, sozialen, philosophischen und religiösen Fragen zurückkehren, und es würde uns zu weit führen, wenn ich Ihnen in der Erforschung unbedeutender äußerlicher Erscheinungen folgen würde, die durch diese Fragen bei jeder neuen Generation wach gerufen werden. In der That, jede neue Generation erscheint mit Gedanken und Leidenschaften, die so alt sind wie die Welt selbst, obgleich sie annimmt, daß niemand dieselben früher hatte, weil sie sich zum ersten Male unter dem Einflusse dieser Gedanken befindet, und sie ist überzeugt, daß sie bald – bald alles Existierende umformen wird.

Zu der Zeit, in welcher das Menschentum im Laufe von Jahrtausenden die große Aufgabe der Erforschung der Ursachen und Folgen zu lösen sucht, die sie auch kaum nach tausenden Jahrhunderten lösen wird (auch wenn man die Möglichkeit ihrer Lösung zugiebt, was von meiner Seite aber nicht geschieht), – erklären 20jährige Kinder, daß sie die unumstößliche Lösung in ihrem noch vollständig jungen Gehirne haben. Und als erstes Beweismittel, dessen sie sich bei ihrem ersten Streite bedienen, beginnen sie auf die loszuschlagen, die mit ihnen nicht einverstanden sind.·Muß man daraus schließen, daß das ein Zeichen der Wiederkehr der ganzen Gesellschaft zum religiösen Ideal ist, das zeitweise verdunkelt und ausgegeben wurde? Oder ist das nur bei all diesen jungen Aposteln eine rein physiologische Frage, eine Frage der Heißblütigkeit, der Muskelkraft, der Heftigkeit und Kraft überhaupt, welche die Jugend vor 20 Jahren die entgegengesetzte Richtung einzuschlagen zwang? Ich neige mich der letzteren Annahme zu.

Derjenige würde einen groben Irrtum begehen, der in den Alterserscheinungen, in den Erscheinungen der vollen Kraft einen Beweis für die endgültige oder auch nur dauernde Entwickelung sehen will. Das ist nur ein Anfall des Wachstumfiebers. Welcher Art auch die Ideen sind, in deren Namen die jungen Leute einander zu Leibe gehen, so kann man wetten, daß sie Gegner dieser Ideen sein werden, sobald sie denselben in ihren Kindern begegnen werden. Das wird das Alter und die Erfahrung machen.

Viele, viele von denen, die jetzt kämpfen und Feinde der gegenwärtigen Stunde sind, werden teils müde, teils durch den Kampf mit der Wirklichkeit enttäuscht, auf ein und denselben Wegen früh oder spät zusammentreffen und Hand in Hand auf die große Landstraße zurückkehren; mit Trauer werden sie dann anerkennen, daß die Erde trotz ihrer früheren Überzeugungen rund geblieben und sich immer noch in derselben Richtung bewegt, und daß sich dieselben Horizonte unter demselben endlosen und geschlossenen Himmel ausbreiten.

Nachdem sie sich nach Herzenslust gezankt und geschlagen haben, die einen im Namen des Glaubens, die anderen im Namen der Wissenschaft (ebensoviel darum, um zu beweisen, daß Gott existiert, wieviel darum, daß Gott nicht existiert – zwei Behauptungen, um die man sich ewig schlagen kann, wenn man früher bestimmt, nicht eher die Waffen niederzulegen, bis man sie bewiesen hat), so werden sie schließlich übereinkommen, daß die einen davon nicht mehr wissen als die andern; sie werden es jedoch bestimmt dann wissen, daß der Mensch ebensoviel, wenn nicht mehr, hoffen als wissen müsse, und daß er schrecklich durch die Ungewißheit über ihn interessierende Gegenstände leidet, in der er sich befindet, und daß man ihm volle Freiheit im Gebiete der Philosophie, ein Mittel zu suchen, gewähren müsse, um glücklicher zu werden.

Vor ihm war eine Welt, die nach ihm bleiben wird, und er weiß, daß diese Welt ewig ist und daß er dieser Ewigkeit teilhaftig werden möchte. Einmal ins Leben gerufen, fordert er seinen Anteil am ewigen Leben, das ihn umgiebt, ihn erregt, das ihn verhöhnt und vernichtet. Da er weiß, daß er angefangen hat zu sein, will er es nie aufhören. Er ruft laut, er fleht mit leiser Stimme um Gewißheit, die ihm beständig zu seinem eigenen Glücke entschlüpft, da die genaue Kenntnis derselben für ihn Erstarrung und Tod wäre; ist ja das Unbekannte die stärkste Triebfeder menschlicher Energie. Da er diese Gewißheit nicht erlangen kann, so trägt er sich mit unbestimmten Idealen herum, und wie sehr er sich auch aus Stolz, Neugier, Modesucht und Erbitterung dem Skeptizismus und der Verneinung hingiebt, kehrt er doch immer wieder zur Hoffnung zurück, ohne die er nicht leben kann. Das ist wie ein Streit Verliebter: auf kurze Zeit.

Es tritt also oft eine Verdunkelung ein, doch niemals verschwindet das menschliche Ideal vollständig. Die philosophischen Nebel ziehen an ihm vorüber, wie die Wolken vor dem Monde, doch das weiße Gestirn setzt seinen Lauf fort und erscheint plötzlich hinter den Wolken unberührt und glänzend.

Dieses unaufhaltsame Bedürfnis des Menschen nach einem Ideal erklärt es, daß der Mensch mit solch' einem Vertrauen, solch' einem Entzücken, ohne eine vernünftige Kontrolle, sich den verschiedenen Religionsformen zugewendet hat. Sie haben ihm Unendliches versprochen und dasselbe ihm seiner Natur entsprechend in Aussicht gestellt; diesem Unendlichen verliehen sie gewisse Grenzen, die sogar für ein Ideal erforderlich sind.

Aber schon seit langem haben immer neue Leute bei jeder Station der weiteren Bewegung der Menschheit, besonders in den letzten 100 Jahren, in immer größerer und größerer Anzahl das Dunkel verlassen; und diese Leute leugnen im Namen des Verstandes, der Wissenschaft und der Beobachtung Wahrheiten, erklären dieselben als relative Begriffe und wollen Formen zerstören, in denen jene enthalten sind.

Wer hat recht in diesem Streit? Alle – so lange alle suchen – und niemand – sobald sie nur zu drohen beginnen. – Zwischen der Wahrheit, die das Ziel bildet und der freien Forschung, zu der jeder berechtigt ist, hat die Gewalt, trotz berühmter Beispiele, die das Gegenteil beweisen, keinen Platz. Die Gewalt entrückt nur das Ziel, das ist alles. Sie ist nicht allein grausam, sie ist unnütz, was den größten Fehler in der Zivilisation ausmacht.

Kein Faustschlag, wie stark er auch sein mag, wird weder die Existenz noch das Nichtexistieren Gottes beweisen.

Und schließlich hat jene Kraft, nachdem sie uns zu ihren Werkzeugen gemacht, sich das Recht der Erkenntnis vorbehalten, weshalb sie uns zu solchen gemacht, und wohin sie uns führt. Welcher Art die Kraft auch sein mag, sie hat die Welt erschaffen, da die letztere, wie es mir scheint, sich nicht selbst erschaffen haben kann. Diese Kraft will allem Anschein nach trotz der Absichten, die man ihr zugeschrieben und trotz der Forderungen, die man an sie gestellt, auch deshalb ihr Geheimnis bewahren (ich will hier alles sagen, was ich denke), weil die Menschheit, wie es mir scheint, sich von dem Wunsche, sie zu erforschen, loszusagen beginnt.

Die Menschheit hat sich an die Religionen gewandt, die ihr nichts beweisen konnten, weil sie alle verschieden waren, – sie wandte sich an die philosophischen Lehren, die ihr auch nichts mehr als jene erklären konnten, weil sie einander widersprochen; jetzt bemüht sich die Menschheit, mit ihrem einfachen Instinkt und ihrem gesunden Verstande allein fertig zu werden, und da sie auf der Erde lebt, ohne zu wissen, warum und wie, bemüht sie sich, mit den Mitteln, die ihr unser Planet bietet, so glücklich als möglich zu werden. Unlängst wandte sich Zola in einer bemerkenswerten Rede an die Studenten und wies auf die Arbeit als auf ein Heilmittel hin, ja sogar als auf eine *Panacee* gegen alle Schwierigkeiten im Leben. *Labor improbus omnia vincit.* Dieses Heilmittel ist bekannt und deshalb nicht weniger gut, aber es war und wird immer unzureichend sein. Möge der Mensch mit seinen Muskeln oder mit seinem Verstande arbeiten, nie können jedoch die Erlangung der Nahrung, der Erwerb eines Vermögens oder der Ruhm seine einzige Sorge bilden. Alle diejenigen, die sich auf diese Ziele beschränken, fühlen, nachdem sie dieselben erreicht, daß ihnen noch etwas fehlt: der Grund hiervon liegt darin, daß der Mensch, was er auch thun, was er auch sprechen, was man ihm auch sagen möge, nicht nur einen Körper, den man füttern, einen Verstand, den man bilden und entwickeln muß, sondern zweifellos auch eine Seele besitzt, die auch noch ihre Forderungen stellt. Diese Seele eben befindet sich in rastloser Arbeit, in beständiger Entwickelung und im Streben nach Licht und Wahrheit. So lange sie nicht alles Licht und alle Wahrheit erobert hat, wird sie den Menschen quälen. Und siehe da – sie hat noch nie den Menschen so beschäftigt, sie hat noch nie mit solch' einer Kraft ihre Gewalt auf den Menschen ausgeübt, wie es in unserer Zeit geschieht. Die Seele hat sich so zu sagen in die Luft ergossen, die der Mensch einatmet.

Jene wenigen individuellen Seelen, von denen jede die Wiedergeburt der Gesellschaft wünscht, suchten allmählich einander auf, näherten, vereinigten sich, begriffen einander und bildeten eine Gruppe, einen Anziehungspunkt, zu dem jetzt andere Seelen aus allen Himmelsgegenden streben, wie die Lerchen auf einen Spiegel zufliegen; sie haben auf diese Weise zu dem Zwecke eine allgemeine, eine Kollektivseele gebildet, damit die Menschen in Zukunft gemeinschaftlich, mit Bewußtsein und unaufhaltsam die bevorstehende Einigung und den regelrechten Progreß der noch unlängst einander feindlichen Nationen verwirklichen sollen.

Diese neue Seele finde und erkenne ich in Erscheinungen, welche dieselbe dem Anscheine nach am meisten leugnen.

Diese Rüstung aller Völker, diese Drohungen, die ihre Repräsentanten gegen einander ausstoßen, diese erneuerten Hetzjagden gewisser Völkerschaften, diese Feindseligkeiten unter den Landleuten und diese Kindereien in der Sorbonne sind Erscheinungen schlimmer Art, aber nicht von schlechter Vorbedeutung. Das sind die letzten Zuckungen dessen, was verschwinden muß. Die Krankheit ist in diesem Falle nur eine energische Anstrengung des Organismus, sich vom tödlichen Anfang zu befreien.

Die, welche sich die Verirrungen der Vergangenheit zu nutze machten und gehofft hatten, noch lange und immer es zu thun, verbinden sich, um jede Änderung zu verhindern.

Die Folge davon – sind diese Rüstungen, diese Drohungen, diese Hetzen; wenn Sie aber genauer hinsehen, so werden Sie sich überzeugen, daß das alles blos äußerlich ist. Alles das ist kolossal, aber hohl.

In dem allem wohnt keine Seele: dieselbe hat sich einen anderen Ort gewählt. Alle diese Millionen bewaffneter Leute, die angesichts des bevorstehenden allgemeinen Vernichtungskrieges jeden Tag ihre Übungen vornehmen, hassen nicht mehr diejenigen, mit denen sie streiten müssen, und kein Anführer wagt es, den Krieg zu erklären. Was die Vorwürfe betrifft, die von den niederen Klassen ertönen und ansteckend sind, so rufen sie bereits in den höheren Klassen die Erkenntnis der Berechtigung dieser Vorwürfe wach, und ein großes, inniges Mitleid mit diesen Leuten erhält die Oberhand.

Das gegenseitige Verständnis für einander wird nach bestimmter Zeit, die näher ist, als wir annehmen, eintreten. Ich weiß nicht, woher es kommt, – geschieht es vielleicht aus dem Grunde, daß ich bald diese Welt verlassen werde und daß das Licht, das unter dem Horizonte hervorbringt und mich beleuchtet, schon meine Sehkraft verdunkelt, – aber ich glaube, daß unsere Welt in diejenige Epoche eintritt, in der sich das Wort: ‚Liebet einander' ohne Rücksicht darauf, ob es ein Gott oder ein Mensch gesagt hat, verwirklichen wird. Die spiritualistische Bewegung, die von allen Seiten sich bemerkbar macht und welche viele eingebildete und naive Leute zu leiten glauben, wird zweifelsohne eine menschliche sein. Diejenigen Menschen, die nichts mit Maß thun können, werden von einer Verrücktheit, einer Raserei, einander zu lieben, ergriffen werden. Das wird augenscheinlich anfangs nicht von selbst geschehen. Es werden Mißverständnisse vorkommen, vielleicht auch blutige, da wir ja gerade von denjenigen erzogen und einander zu hassen gewöhnt worden sind, die berufen sind, uns die Liebe zu lehren.

Da es jedoch augenscheinlich ist, daß dieses große Gesetz der Brüderlichkeit einmal ins Leben treten wird, so bin ich überzeugt, daß die Zeiten heranbrechen werden, in denen wir stürmisch wünschen werden, daß es geschehen soll.

1. Juni 1893. A. Dumas.

Der Hauptunterschied zwischen dem Briefe Dumas' und der Rede Zolas besteht, wenn wir von dem äußeren Unterschiede absehen, darin, daß Zola seine Rede an die Jugend richtet, die er gleichsam zu gewinnen bestrebt ist (was eine ebenso gewöhnliche und unangenehme Erscheinung unserer Zeit geworden ist, wie das Streben der Schriftsteller, den Frauen zu gefallen), – der Brief Dumas' sich aber nicht an die Jugend wendet und ihr keine Komplimente sagt, sondern im Gegenteil, sie sogar auf ihren Fehler des allzu großen Selbstvertrauens aufmerksam macht; weit davon entfernt, den Jünglingen einzureden, daß sie sehr wichtige Leute sind und daß in ihnen alle Kraft enthalten sei, – was sie durchaus von sich nicht denken müssen, um etwas Vernünftiges zu thun – belehrt Dumas nicht nur die Jünglinge, sondern auch die Erwachsenen und Alten über sehr viele Dinge. Ein Hauptunterschied ist auch der, daß die Rede Zolas die Leute einzulullen sucht und ihnen auf demselben Wege zu bleiben rät, auf welchem sie stehen, indem er ihnen versichert, daß dasjenige, was sie gerade wissen, das eben ist, was sie wissen sollen. Der Brief Dumas' aber weckt die Leute, indem er ihnen zeigt, daß ihr Leben sich auf einer falschen Bahn bewegt und daß sie hauptsächlich das nicht wissen, was sie wissen sollen. Dumas glaubt ebensowenig an einen Aberglauben der Vergangenheit wie an einen der Gegenwart. Aber gerade deshalb, weil er weder an einen Aberglauben der Vergangenheit noch an einen der Gegenwart glaubt, denkt er selbst und sieht deshalb klar sowohl die Gegenwart als auch die Zukunft, wie sie immer diejenigen gesehen haben, die man im Altertum „sehende Propheten“ genannt hat. Wie sonderbar es auch denjenigen scheinen kann, die beim Lesen der Werke eines Schriftstellers nur die äußere Seite der Schrift sehen und nicht in der Seele des Schriftstellers zu lesen verstehen, so ist es dennoch derselbe Dumas, der *„Dame aux Camelias“*, *„Affaire Clemenceau“* und anderes geschrieben hat, der jetzt die Zukunft sieht und dieselbe prophezeit.

Wie sonderbar es uns auch scheinen mag, die wir gewöhnt sind, uns einen Propheten mit einem Tierfelle bekleidet, und in der Wüste verweilend vorzustellen, so bleibt dennoch die Prophezeihung eine Prophezeihung, obgleich sie nicht an den Ufern des Jordans ertönt, sondern in der Typographie des *Gaulois* an den Ufern der Seine gedruckt wird. Und die Worte Dumas' sind eine wirkliche Prophezeihung und tragen alle Merkmale einer solchen: erstens stehen seine Worte in einem vollständigen Widerspruche mit der Stimmung der Gesellschaft, in deren Mitte sie ertönen; das zweite Merkmal besteht darin, daß ungeachtet dieses Widerspruches die Menschen, die seine Worte hören, mit ihm, ohne zu wissen, warum, übereinstimmen, und drittens, und zwar ist das das Hauptmerkmal: diese Prophezeihung wird zur Verwirklichung dessen beitragen, was sie weissagt.

Je mehr die Leute daran glauben werden, daß sie durch irgend eine äußere von selbst wirkende Ursache und ohne ihren Willen zu einer Veränderung und Verbesserung ihres Lebens geführt werden können, desto schwieriger wird sich diese Veränderung und Verbesserung vollziehen. Und darin liegt der Hauptfehler der Zola'schen Rede. Umgekehrt jedoch wird diese Zeit um so schneller eintreten, je mehr die Menschen daran glauben werden, was Dianas ihnen prophezeiht, nämlich, daß die Zeit bald unvermeidlich kommen wird, wo alle Menschen von der Liebe zu einander hingerissen, aus eigenem Antriebe ihr jetziges Leben ändern werden. Und das macht hauptsächlich den Wert des Dumas'schen Briefes aus.

Zola rät den Menschen ihre Lebensweise nicht zu ändern, sondern ihre Thätigkeit in der einmal erwählten Richtung zu verstärken und will sie dadurch beeinflussen, von einer Veränderung ihres Lebens abzusehen. Dumas aber ist bestrebt, die Menschen zu veranlassen, ihr Leben zu ändern, indem er eine innere Veränderung der menschlichen Gefühle prophezeiht.

Dumas weissagt, daß die Menschen, nachdem sie Alles versucht haben, schliesslich, und zwar in baldiger Zeit, sich daran machen werden, ernstlich das Gesetz der Nächstenliebe in die Praxis zu übertragen, ja sie werden, wie er sagt, von „einer Verrücktheit, einer Raserei, einander zu lieben" ergriffen werden. Er sagt, daß er schon inmitten der Erscheinungen, die ein so drohendes Aussehen haben, die Kennzeichen dieser neuen anbrechenden Liebesstimmung sehe, daß er sehe, wie die allgemein bewaffneten Völker nicht mehr vom Hasse gegen einander beseelt sind, daß er sehe, daß im Kampfe der reichen mit den armen Klassen nicht mehr der Triumph der Sieger sich breit macht, sondern ein inniges Mitleid der Sieger mit den Besiegten sich kundgiebt und daß die Sieger mit ihrem Triumphe unzufrieden sind und sich dessen schämen; hauptsächlich noch sieht er, wie er sagt, daß sich Mittelpunkte der Anziehungskraft der Liebe gebildet haben, die da wachsen wie ein Schneeball und so lange alles Lebendige unvermeidlich an sich ziehen müssen, bis es mit ihnen verbunden sein wird. Indem Dumas auf diese Weise die Stimmung der Menschen zu ändern sucht, wird er all das Böse vernichten, wodurch die Menschen leiden.

Wenn man auch die Nähe dieser Umwälzung, die Dumas prophezeit, oder sogar überhaupt die Möglichkeit bestreiten kann, daß die Leute sich von der Liebe zu einander hinreißen lassen werden, so wird es doch meiner Meinung nach Niemand bestreiten, daß die Menschheit in solch einem Falle doch von einem großen Teil der sie niederdrückenden und bedrohenden Leiden befreit werden würde. Man muß es eingestehen, daß, wenn die Menschen das thun würden, was ihnen nicht allein Christus, sondern alle Weisen der Welt schon vor tausenden Jahren vorgeschrieben, d. h. wenn sie auch andere in solchem Maße wie sich selbst liebten, aber auch das Anderen nicht thäten, was sie nicht wünschen, daß man es ihnen thue (daß sie sich also anstatt dem Egoismus dem Altruismus überlieferten, und die individualistische Gestaltung des Lebens vieler, wie die Leute der Wissenschaft denselben Gedanken in ihrem schlechten Jargon ausdrücken, sich in eine kollektivistische verwandeln würde), so würde das Leben der Menschen, anstatt ein leidenvolles zu sein, ein glückliches werden.

Außerdem sind Alle darin einverstanden, daß dieses Leben, wenn es auf diesen heidnischen Prinzipien, nach denen es jetzt geschieht, fortgeführt wird, die Menschheit unvermeidlich in's größte Elend stürzen wird und daß diese Zeit nicht mehr fern ist. Alle Menschen sehen ein, daß, je energischer sie einander den Boden und die Erzeugnisse ihrer Arbeit wegnehmen, der Grimm der Beraubten desto größer sein wird und umso unvermeidlicher die Beraubten denjenigen alles nehmen werden, die sie so lange um Alles gebracht, und daß sie ihre langen Entbehrungen grausam rächen werden. Zudem halten alle Menschen unserer Welt für obligatorisch entweder das religiöse christliche Gesetz der Liebe oder das auch auf diesem selben Christentum begründete weltliche Gesetz der Achtung fremden Lebens, der Person und der Menschenrechte.

Das Alles wissen die Menschen und dennoch gestalten sie ihr Leben, daß es ihrem eigenen Vorteile, ihrer eigenen Gefahrlosigkeit und dem Gesetze der Religion, zu der sie sieh bekennen, zuwider ist. Es existiert augenscheinlich eine versteckte, aber wichtige Ursache, die die Menschen daran hindert, das zu thun, was ihnen vorteilhaft ist und sie von sichtlichen Gefahren befreien würde, – eine Ursache, welche die Menschen das nicht erfüllen läßt, was sie als ein obligatorisches, religiöses oder moralisches Recht anerkennen. Wird doch etwa nicht dazu den Menschen so viele Jahrhunderte hindurch und jetzt von Tausenden der verschiedenen religiösen und weltlichen Katheder herab die Nächstenliebe gepredigt, damit sie einander betrügen. Es ist ja schon längst Zeit, daß die Menschen gewahr werden, daß die Nächstenliebe eine vorteilhafte, nützliche und gute Sache ist und dieselbe zur Richtschnur nehmend ihr Leben umgestalten, oder, wenn sie erkannt, daß die Liebe ein nicht zu verwirklichender Traum ist, über dieselbe zu reden aufhören. Aber die Menschen thun weder das eine noch das andere: sie fahren fort, gegen das Gesetz der Liebe zu leben und hören nicht auf, dasselbe zu loben. Sie glauben augenscheinlich, daß die Liebe möglich, wünschenswert und ihnen eigen ist, aber sie können sie nicht verwirklichen. Woher kommt denn das?

Alle großen Veränderungen im Leben eines Menschen oder der gesamten Menschheit beginnen und werden nur in Gedanken vollendet. Welche äußerliche Veränderung im Leben der Menschen auch vor sich gehen, wieviel auch die Menschen die Änderung der Gefühle und Thaten predigen mögen, das Leben der Menschen wird sich so lange nicht umgestalten, bis keine Wandlungen in Gedanken vor sich gehen werden. Aber es braucht nur einer Veränderung in Gedanken, und spät oder früh, je nach der Wichtigkeit der Änderung, wird eine solche auch in den Gefühlen, in den Thaten und im Leben der Menschen so unausbleiblich vor sich gehen, wie eine Schwenkung des Schiffes nach der Schwenkung des Steuers einzutreten pflegt.

Christus hat seine Predigt nicht gleich mit den Worten angefangen: so oder so sollt Ihr es machen, habet diese oder jene Gefühle, sondern er sagte zu den Menschen: „μετανοεῖτε“, – geht in Euch, ändert Eure Lebensauffassung. Er hat nicht zu den Menschen gesprochen: „Liebet einander!“ (das hat er später seinen Schülern gesagt, Menschen, die seine Lehre begriffen hatten) – aber er sprach zu ihnen dasselbe, was sein Vorgänger, Johannes der Täufer, gesagt hatte: „Thut Buße!“ d. h. geht in Euch, ändert Euere Lebensauffassung, „μετανοεῖτε“, geht in Euch, sonst geht Ihr alle zu Grunde. „Der Sinn unseres Lebens“, sagte er, „kann nicht darin bestehen, daß jeder von uns das spezielle Wohl seiner eigenen Person oder das Wohl einer bestimmten Gruppe von Menschen sucht, weil dieses Wohl, das zum Nachteile anderer Personen, Familien und Völker zu erwerben wäre (die dasselbe mit denselben Mitteln suchen), nicht nur augenscheinlich unerreichbar ist, sondern uns auch unvermeidlich zum Untergange führen müßte. Begreift, daß der Sinn unseres Lebens nur in der Erfüllung des Willens Dessen liegen kann, der Euch ins Leben rief und von Euch nicht fordert, Euerm eigenen, persönlichen Zielen zu dienen, sondern Seinem Ziele, das darin besteht, Einigung und Liebe unter allen Geschöpfen hervorzubringen, ein Himmelreich zu errichten, wo die Schwerter in Pflugscharen, die Lanzen in Sicheln umgeschmiedet sein werden, der Löwe mit dem Lamme friedlich beisammen liegen wird, wie es die Propheten ausgedrückt haben. Ändert Euere Auffassung des Lebens, sonst werdet Ihr alle zu Grunde gehen", hat er gesagt.

Aber die Menschen haben auf Christus nicht gehört und haben damals ihre Auffassung des Lebens nicht geändert und dieselbe bis heute beibehalten. Und eben diese falsche Lebensauffassung, die die Menschen trotz der Komplikation der Lebensformen und der Entwickelung der menschlichen Erkenntnis unserer Zeit nicht aufgegeben haben, bildet die Ursache, infolge welcher die Menschen der Liebe nicht Folge leisten können, obgleich sie die Wohlthätigkeit der Liebe, die ganze Lebensgefahr, die ihr zuwider ist, begreifen und sie als ein Gesetz ihres Gottes oder als ein Lebensgesetz anerkennen.

Und in der That, welche Möglichkeit hat denn der Mensch unserer Welt·– der das Ziel seines Lebens in seinem persönlichen Wohl oder in dem Wohl seiner Familie oder seines Volkes sieht, das er nur durch einen angestrengten Kampf mit andern dasselbe erstrebenden Menschen erreichen kann – diejenigen wirklich zu lieben, die ihm immer im Wege stehen und die er unvermeidlich zu Grunde richten muß, um zu seinem sich gesteckten Ziele zu kommen?

Damit eine Änderung der Gefühle und Handlungen eintreten könnte, muß vor allem eine Änderung der Gedanken stattfinden. Damit sich aber die Gedanken ändern können, soll der Mensch innehalten und seine Aufmerksamkeit darauf richten, was ihm zu begreifen notthut. Damit die Menschen, die unter Geschrei und Gerassel der Räder dem Abgrunde zueilen, das hören, was ihnen die zuschreien, die sie retten wollen, müssen sie vor allem stehen bleiben. Wie soll aber der Mensch seine Gedanken, seine Lebensauffassung ändern, wenn er auf Grund jener falschen Lebensauffassung fortfährt – und dazu noch angeregt wird von denen, die ihn versichern, daß es nötig sei –, unaufhörlich zu arbeiten?

Die Leiden der Menschen, die aus der falschen Auffassung des Lebens entspringen, sind vollreif; das Heil, das durch die wahrhafte Auffassung des Lebens gewonnen wird, ist allen so klar und augenscheinlich geworden, daß die Menschen in unserer Zeit, um ihr Leben ihrer Erkenntnis gemäß umzugestalten, bereits nichts unternehmen, sondern nur stillstehen und die Arbeit, die sie verrichten, einstellen, sich sammeln und nachdenken müssen. Die Menschen unserer christlichen Welt befinden sich in derselben Lage, in der Leute sein würden, die sich durch das Fortschaffen einer leichten Last deshalb überanstrengen, weil sie sich in der Eile nicht verständigen können und ohne Aufhören nach entgegengesetzten Richtungen ziehen.

Wenn die Menschen früherer Zeit, als die Armseligkeit des heidnischen Lebens und das Heil, das der Liebe entspringt, noch nicht bis zu solch' einem Grade offenbar geworden, unbewußt Sklaverei trieben, Todesstrafe übten, blutige Kriege führten und solche Zustände durch vernünftige Argumente verteidigen konnten, so ist das in unserer Zeit vollständig unmöglich geworden. Die Leute in unserer Zeit können ein heidnisches Leben führen, können es aber nicht mehr rechtfertigen. Die Menschen unserer christlichen Welt brauchen nur auf einen Augenblick in ihrer Thätigkeit innezuhalten, ihre Lage zu bedenken, den Maßstab der Forderungen ihres Verstandes und Herzens an die sie umgebenden Lebensbedingungen zu legen, um einzusehen, daß ihr ganzes Leben, alle ihre Handlungen in einem beständigen, himmelschreienden Widerspruche mit ihrem Gewissen, Verstande und Herzen stehen.

Fragen Sie einzeln jeden Menschen unserer Zeit, wovon er sich leiten läßt und sich leiten zu lassen für nötig hält, und fast jeder wird Ihnen antworten, daß er sich, wenn nicht von der Liebe, so doch von der Gerechtigkeit leiten läßt, – er wird Ihnen sagen, daß er persönlich die Verbindlichkeit der christlichen Lehre oder die sittlichen, weltlichen Prinzipien, die auf dieser selben christlichen Lehre begründet sind, anerkennt, sich jedoch den jetzigen Lebensbedingungen unterordnet, weil sie für die andern Menschen nötig sind; fragen Sie einen andern, einen dritten, und fast alle werden Ihnen ein und dieselbe Antwort geben. Und sie sind alle aufrichtig. Nach der Eigenschaft ihrer Erkenntnis müßte die Mehrzahl der Menschen unter einander wie Christen leben. Betrachten Sie sie aber, wie sie in Wirklichkeit leben: sie leben wie die wilden Tiere.

Also die Mehrzahl der Menschen der christlichen Welt unserer Zeit führen nicht so sehr deshalb ein heidnisches Leben, weil sie ein solches zu führen wünschen, wie aus dem Grunde, daß die Lebenseinrichtung, die einmal für Menschen mit einer vollständig anderen Erkenntnis nötig war, dieselbe geblieben ist. Diese Lebensweise wurde durch die beständige Eitelkeit der Menschen aufrecht erhalten, die ihnen keine Zeit läßt, zu sich zu kommen und dieselbe ihrer Erkenntnis gemäß zu ändern.

Die Menschen sollten, wenn auch nur für einige Zeit, aufhören das zu thun, was ihnen Zola und seine vermeintlichen Gegner, d. h. alle diejenigen raten, die unter dem Vorwande eines langsamen und allmählichen Progresses die heutige Ordnung aufrecht zu erhalten wünschen, – sie sollten aufhören, sich mit falschen Glaubensbekenntnissen und hauptsächlich mit dem unaufhörlichen Arbeiten an Werken zu betäuben, die von ihrem Gewissen nicht gut geheißen werden, und sie würden es sogleich einsehen, daß der Sinn ihres Lebens nicht in dem augenscheinlich trügerischen Streben zum Heile einer einzelnen Person, Familie, eines einzelnen Volkes oder Staates sein kann; sie würden es einsehen, daß der einzig mögliche, vernünftige Sinn ihres Lebens der ist, welcher schon vor 1800 Jahren den Menschen durch die christliche Lehre offenbart worden ist.

Das Mahl ist schon bereit, und schon längst sind alle dazu geladen; aber einer kauft Land, ein zweiter heiratet, ein dritter will Ochsen kaufen, ein vierter baut eine Eisenbahn, eine Fabrik, ist mit Missionswesen in Indien oder Japan beschäftigt, hält Predigten, bringt die *Bill Homerule* oder ein Militärgesetz durch oder veranlaßt seine Ablehnung, macht Examina, schreibt eine gelehrte Arbeit, ein Poem, einen Roman. Alle haben keine Zeit, keine Zeit, zur Besinnung zu kommen, in sich zu gehen, über sich und die Welt nachzudenken und sich zu fragen:

„Was thue ich? wozu? Es kann ja nicht sein, daß die Kraft, die mich mit meinen Eigenschaften des Verstandes und der Liebe auf die Welt gebracht hat, mich nur dazu mit diesen Eigenschaften geschaffen, damit ich betrüge, – nur dazu, damit ich im Wahne, zur Erreichung des größten Heiles meiner zu Grunde gehenden Person über mein Leben und das Leben anderer nach Gutdünken verfügen zu können, mich schliesslich davon überzeuge, daß, je mehr ich das alles zu thun bestrebt bin, es mir, meiner Familie und meinem Volke desto schlechter ergeht, je weiter ich mich vom wirklichen Heile entferne und je weniger ich die Forderungen der Liebe und des Verstandes erfülle, die mir angeboren sind[,] und keinen Augenblick ihre Forderungen einstelle. Es ist unmöglich, daß diese Eigenschaften meiner Seele mir nur dazu innewohnen, damit sie wie die Fußfesseln eines Gefangenen mich hindern sollten, meine Ziele zu erreichen. Und ist es daher nicht wahrscheinlicher, daß die Kraft, die mich auf die Welt gebracht, mich nicht dazu mit Verstand und Liebe versehen hat, damit ich meine zufälligen, augenblicklichen, mit den Absichten anderer Wesen im Widerspruche stehenden Ziele erreiche (was die Kraft doch nicht thun konnte, da meine Ziele noch nicht existierten, als sie mich erschuf), sondern es dazu gethan hat, um ihr eigenes Ziel zu erreichen, und diese Grundeigenschaften meiner Seele mir dazu gegeben wurden, um dabei mitwirken zu können. Und wäre es daher nicht etwa besser für mich, anstatt eigensinnig in der Erfüllung meines Willens und des Willens anderer Menschen zu verharren, die Gegner dieser höchsten Eigenschaften sind, und mich ins Elend stürzen, ein für alle Mal als den Zweck meines Lebens die Erfüllung des Willens dessen in allem und immer anzuerkennen, der mich geschaffen, und ohne mich von irgend welchen anderen Kombinationen beirren zu lassen, nur auf die Weisungen des Verstandes und der Liebe zu hören, die Er mir zur Erfüllung Seines Willens in die Seele gelegt hat?"

So lautet die christliche Lebensauffassung, die sich der Seele jedes Menschen unserer Zeit aufdrängt. Um das Reich Gottes zu verwirklichen, ist es erforderlich, daß alle Menschen ohne Unterschied der Person, der Familie, des Volkes einander zu lieben beginnen. Damit die Leute einander lieben könnten, ist es wiederum erforderlich, daß ihre Lebensauffassung eine andere werde; damit diese Lebensauffassung eine andere werde, müssen sie zur Besinnung kommen; und damit sie zur Besinnung kommen können, müssen sie vor allen Dingen, wenn auch nur auf kurze Zeit, in der fieberhaften Thätigkeit innehalten, die eine Folge ihrer heidnischen Lebensauffassung ist, der sie ergeben sind; sie müssen sich, wenn auch nur für kurze Zeit, davon losmachen, was die Indier „*Ssanssare*“ nennen, d. h. von der Geschäftigkeit des Lebens, die die Menschen am meisten daran hindert, den Sinn ihres Daseins zu begreifen.

Die Armseligkeit und das Elend des heidnischen Lebens wie die Klarheit und Verbreitung des christlichen Bewußtseins haben in unserer Zeit einen solchen Grad erlangt, daß die Menschen in ihrer Geschäftigkeit nur innezuhalten brauchen, um die Absurdität ihrer Thätigkeit zu erkennen, und die christliche Auffassung wird sich in ihrer Erkenntnis so unvermeidlich von selbst entwickeln, wie unvermeidlich stillstehendes Wasser im Froste gefrieren muß.

Es bedarf nur dessen, daß die Menschen diese Lebensauffassung sich aneignen, damit die Nächstenliebe, die Liebe zu allen Menschen, zu allem Lebendigen, die in ihnen jetzt versteckt ist, auch unvermeidlich in ihrer Thätigkeit zum Vorschein kommt und die Triebfeder aller dieser Thaten wird, wie sich jetzt bei ihrer heidnischen Lebensauffassung die Liebe ausschließlich zu der eigenen Person, Familie und ihrem Volke kundgiebt.

Und es bedarf nur des Erwachens der christlichen Liebe der Menschen, und von selbst, ohne die geringste Anstrengung werden die alten Formen verschwinden und neue Formen eines glücklichen Lebens entstehen, deren Nichtvorhandensein die Menschen als hauptsächliches Hindernis zur Erreichung dessen halten, was ihr Herz und Verstand schon längst fordert.

Wenn die Menschen nur den hundertsten Teil ihrer Energie,

die sie jetzt zur Abschließung verschiedener materieller Geschäfte aufbieten, – die durch nichts gerechtfertigt werden und deshalb ihre Erkenntnis verdunkeln, – auf die Erklärung dieser selben Erkenntnis und auf die Erfüllung dessen, was sie von ihnen fordert, verwendeten, so würde das Reich Gottes, das Er von dem Menschen fordert, viel schneller und einfacher errichtet werden, als wir es uns vorstellen können, und die Menschen würden jenes Heil finden, das ihnen versprochen worden ist.

Strebt nach dem Reiche Gottes und Seiner Wahrheit und das andere wird Euch gegeben werden!

‚Tolstoi-Büste' | 1899
von Paolo Troubetzkoy (1866-1933)

Aufnahme: Shakko | commons.wikimedia.org

II.
Religion und Moral

(Religija i nravstvennost', 1893)

Leo N. Tolstoi

Antwort auf eine
in der „Ethischen Kultur" gestellte Frage

Aus dem russischen Manuscript
übersetzt von Sophie Behr[1]

Vorwort

Zu Anfang August v. J. versandte der unterzeichnete Herausgeber der Wochenschrift „Ethische Kultur" an eine Anzahl hervorragender Zeitgenossen, darunter Graf Leo Tolstoy, ein Schreiben folgenden Wortlauts:

„Die Deutsche Gesellschaft für ethische Kultur bezeichnet es in § 1 ihrer Satzungen als ihren Zweck, ‚im Kreise ihrer Mitglieder und außerhalb desselben als das Gemeinsame und Verbindende, unabhängig von allen Verschiedenheiten der Lebensverhältnisse sowie der religiösen und politischen Anschauungen, die Entwickelung ethischer Kultur zu pflegen.' Die genannte Gesellschaft nimmt damit an, daß es eine von der Religion unabhängige Moral giebt. Es erscheint von hohem Interesse, die Ansichten hervorragender Zeitgenossen über diese Fragen kennen zu lernen. Die Redaktion der Wochenschrift ‚Ethische Kultur' erlaubt sich daher, Sie ganz ergebenst zu bitten, uns geneigtest die beiden Fragen kurz zu beantworten: 1. Was verstehen Sie unter

---

[1] Textquelle | *Religion und Moral.* Antwort auf eine in der „Ethischen Kultur" gestellte Frage von Graf Leo Tolstoy. Aus dem russischen Manuscript übersetzt von Sophie Behr. Berlin: Ferd. Dümmlers Verlagsbuchhandlung 1894. [37 Seiten]

Religion? 2. Glauben Sie, daß es eine von der Religion (wie Sie dieselbe definiert haben) unabhängige Moral geben kann?“

Die vorliegende, zuerst in der „Ethischen Kultur“ abgedruckte Abhandlung ist Graf Leo Tolstoy's Antwort. – In der genannten Wochenschrift (Nr. 4, 6, 7 dieses Jahrgangs) bringt der Unterzeichnete seinen von vorliegendem Aufsatze abweichenden Standpunkt zur Geltung.

Berlin, im Januar 1894.
Georg von Gijycki

Religion und Moral

Antwort auf eine in der „Ethischen Kultur“ gestellte Frage
von Graf Leo Tolstoy

Sie fragen mich: 1. was ich unter dem Worte „Religion“ verstehe, und 2. ob ich die Moral unabhängig von der Religion, wie ich sie verstehe, für möglich halte.

Ich werde mich nach Kräften bemühen, diese im höchsten Grade wichtigen und schön gestellten Fragen in bester Weise zu beantworten.

Dem Worte „Religion“ werden gewöhnlich drei verschiedene Bedeutungen zugeschrieben.

Die erste ist die, daß die Religion eine bestimmte, den Menschen von Gott gegebene, wahre Offenbarung und die, aus dieser Offenbarung hervorgehende Gottesverehrung ist. Diese Bedeutung wird der Religion von denjenigen Menschen zugeschrieben, die an irgend eine der bestehenden Religionen glauben und deshalb diese eine Religion für die allein wahre halten.

Die zweite der Religion zugeschriebene Bedeutung ist die, daß die Religion eine Zusammenstellung gewisser abergläubischer Sätze und die, aus diesen Sätzen hervorgehende abergläubische Gottesverehrung ist. Diese Bedeutung wird der Religion von denjenigen Menschen zugeschrieben, die überhaupt an Nichts oder nicht an die Religion glauben, die sie definieren.

Die dritte, der Religion zugeschriebene Bedeutung ist die, daß die Religion eine [sic], von klugen Leuten ausgesonnene Kodex von Sätzen und Gesetzen ist, welche notwendig sind um der Volksmassen willen, sei es als Trost, oder als Zügel ihrer Leidenschaften, oder auch als Mittel, um diese Volks-Massen zu beherrschen. Diese Bedeutung wird der Religion von denjenigen Menschen zugeschrieben, die gleichgiltig sind gegen die Religion, als Religion, die sie aber für ein nützliches Werkzeug der Regierung halten.

Der ersten Bedeutung nach ist die Religion eine unzweifelhafte, unwiderlegbare Wahrheit, deren Verbreitung unter den Menschen durch alle möglichen Mittel zum Wohle der Menschheit nicht nur wünschenswert, sondern unbedingt notwendig ist.

Der zweiten Bedeutung nach ist die Religion eine Sammlung abergläubischer Vorstellungen, von denen die Leute durch alle möglichen Mittel zu befreien, für das Wohl der Menschheit nicht nur wünschenswert, sondern unbedingt notwendig ist.

Der dritten Bedeutung nach ist die Religion eine gewisse, für die Menschen nützliche Einrichtung, die zwar unnötig ist für Leute höherer Bildung, jedoch durchaus notwendig zum Troste des rohen Volkes, sowie zur Beherrschung desselben, und die deshalb unbedingt aufrecht erhalten werden muß.

Die erste Definition ist ähnlich derjenigen, die ein Mensch über die Musik abgeben würde, wenn er sagte, daß die Musik gerade jenes, ihm bekannte und von ihm bevorzugte Lied sei, welches einer möglichst großen Anzahl Menschen zu lehren wünschenswert wäre.

Die zweite Definition ist ähnlich derjenigen, die ein Mensch über die Musik aufstellen würde, wenn er die Musik nicht versteht und deshalb nicht liebt, wenn er sagte, daß die Musik ein Erzeugnis von Tönen vermittelst der Kehle und des Mundes oder der Hände über gewissen Instrumenten sei, und daß man die Menschen möglichst rasch von dieser unnützen, wenn nicht gar schädlichen Beschäftigung abbringen müßte.

Die dritte Definition ist ähnlich derjenigen, die ein Mensch über die Musik abgeben würde, wenn er sagte, daß die Musik eine nützliche Kunst zur Einübung des Tanzens oder des Marschierens sei, und daß man sie für diese Zwecke aufrecht erhalten müßte.

Die Verschiedenheit und Unvollständigkeit dieser Definitionen kommen daher, daß sie Alle nicht das Wesen der Musik erfassen, sondern nur deren Merkmale, je von dem Gesichtspunkte des Definierenden aus, erklären. Genau dasselbe ist mit den drei Definitionen der Religion der Fall.

Der ersten Definition nach ist die Religion dasjenige, woran der Mensch, der sie definiert, mit Recht glaubt.

Der zweiten Definition nach ist sie dasjenige, woran, nach den Beobachtungen des Definierenden, andere Leute mit Unrecht glauben.

Der dritten Definition nach ist sie dasjenige, woran es nützlich ist den Menschen den Glauben beizubringen.

In allen drei Definitionen wird nicht dasjenige definiert, was das Wesen der Religion ausmacht, sondern der Glaube der Menschen an das, was sie für Religion halten. Bei der ersten Definition stellt sich der Glaube desjenigen, der die Religion definiert, unter den Begriff der Religion; bei der zweiten Definition geschieht dasselbe mit dem Glauben der Andern an das, was diese Andern für Religion halten; bei der dritten Definition ist es der Glaube der Menschen an das, was ihnen für Religion ausgegeben wird.

Was aber ist der Glaube? Und warum glauben die Menschen an das, woran sie glauben? Was ist der Glaube und woher ist er entstanden?

In der Mehrzahl der Menschen der Kulturmasse gilt die Frage für entschieden, daß das Wesen jeder Religion in der aus abergläubischer Furcht vor unbegreiflichen Naturerscheinungen entstandenen Personificierung und in der Vergötterung dieser Naturkräfte und deren Anbetung besteht. Diese Ansicht wird ohne weitere Kritik, aus guten Glauben von der ganzen Kulturmasse unserer Zeit angenommen, und stößt nicht nur auf keinen Widerspruch von Seiten der Männer der Wissenschaft, sondern findet größtenteils gerade unter diesen die genauesten Bestätigungen. Wenn auch mitunter Stimmen von Leuten laut werden, wie *Max Müller* und Anderen, die der Religion eine andere Entstehung und eine andere Bedeutung zuschreiben, so werden diese Stimmen nicht gehört und bleiben unbemerkt inmitten der allgemeinen, einmütigen Auffassung der Religion als einer Kundgebung des Aberglaubens und der Unwissenheit. Vor Kurzem noch, im Anfange des jetzigen Jahrhunderts, wenn auch die am weitesten vorgeschrittenen Leute den Katholizismus und den Protestantismus und die Orthodoxie verworfen, wie es die Encyclopädisten am Ende des vergangenen Jahrhunderts thaten, so leugnete doch niemand von ihnen, daß die Religion überhaupt eine notwendige Lebensbedingung für jeden Menschen immer war und ist. Abgesehen von den Deïsten, wie *Bernhardin de St. Pierre, Diderot* und *Rousseau,* stellte *Voltaire* Gott ein Denkmal auf und Robespierre veranstaltete Festlichkeiten zu Ehren des Allerhöchsten Wesens. In unserer Zeit hingegen, dank der leichtsinnigen und oberflächlichen Lehre des Auguste *Comte,* der aufrichtig glaubte, gleich der Mehrzahl der Franzosen, daß das Christenthum nichts anderes sei, als der Katholizismus, und der deshalb im Katholizismus die vollständige Verwirklichung des Christentums sah, ist es von der Kulturmasse entschieden und festgestellt – wie sie überhaupt stets gerne und schnell die niedrigsten Vorstellungen annimmt – ist es entschieden und festgestellt, daß die Religion bloß eine bekannte und bereits längst überlebte Phase der Entwickelung der Menschheit ist, die deren Fortschritt hemmt. Es wird festgestellt, daß die Menschheit bereits zwei Perioden durchlebt hat: eine religiöse und eine metaphysische, und jetzt in eine dritte, höhere – wissenschaftliche – eingetreten ist, und daß alle religiösen Erscheinungen unter den Menschen nichts weiter sind, als das Sichausleben eines dereinst notwendig gewesenen geistigen Organs der Menschheit, welches längst seinen Sinn und seine Bedeutung verloren hat, in der

Art etwa wie der Nagel der fünften Zehe des Pferdes. Es wird festgestellt, daß das Wesen der Religion in der durch die Furcht vor den unerklärlichen Naturkräften hervorgerufenen Anerkennung imaginärer Wesen und in deren Anbetung besteht, wie es im Altertum *Demokritos* glaubte und wie es die neuesten Philosophen und Religions-Historiker bestätigen.

Aber abgesehen davon, daß die Anerkennung unsichtbarer, übernatürlicher Wesen oder eines solchen Wesens nicht immer aus Furcht vor den unbekannten Naturkräften entstand oder entsteht, wie es hunderte der am weitesten vorgeschrittenen und hochgebildeten Männer vergangener Zeiten, wie *Sokrates, Descartes, Newton* und ebensolche Leute unserer Zeit bezeugen, welche, und zwar gewiß nicht aus Furcht vor unbekannten Naturkräften, höhere, übernatürliche Wesen oder ein solches Wesen anerkennen, – was keine Bestätigung der Meinung ist, daß die Religion aus der abergläubischen Furcht der Menschen vor den unbegreiflichen Naturkräften entstanden ist,·– bleibt thatsächlich die Hauptfrage unbeantwortet: woher in den Menschen die Vorstellung unsichtbarer, übernatürlicher Wesen entstanden ist?

Wenn die Menschen Furcht hatten vor Donner und Blitz, so hätten sie eben den Donner und den Blitz gefürchtet; weshalb aber ersannen sie irgend ein unsichtbares, übernatürliches Wesen, wie Jupiter, der sich irgendwo befindet und zuweilen Pfeile auf die Menschen wirft?

Wenn die Menschen durch den Anblick des Todes betroffen wurden, so hätten sie eben den Tod gefürchtet; weshalb ersannen sie denn die Seelen der Gestorbenen, mit denen sie in imaginäre Beziehung zu treten begannen?

Vor dem Donner konnten die Menschen sich bergen, vor den Schrecken des Todes konnten sie fliehen; ein ewiges und machtvolles Wesen aber, von dem sie sich abhängig dünken, und die lebenden Seelen der Gestorbenen ersannen sie nicht bloß aus Furcht, sondern aus irgend welchen andern Gründen. Und in eben diesen Gründen ist offenbar das Wesen enthalten, was Religion genannt wird.

Ueberdies: jeder Mensch, der jemals, sei es auch nur in der Kindheit, ein religiöses Gefühl empfunden hat, weiß aus eigener Erfahrung, daß dieses Gefühl in ihm nicht durch äußere, schreckliche, materielle Erscheinungen wachgerufen wurde, sondern stets durch ein inneres, mit der Furcht vor unbegreiflichen Naturkräften in keinerlei Beziehung stehendes Bewußtsein seiner Nichtigkeit, seiner Vereinsamung und seiner Sündhaftigkeit.

Und deshalb kann ein Mensch aus äußerer Beobachtung wie aus persönlicher Erfahrung erkennen, daß die Religion nicht eine Anbetung von Gottheiten ist, die durch abergläubische Furcht vor unbekannten Naturkräften hervorgerufen wird, wie sie den Menschen nur in einer gewissen Periode ihrer Entwickelung eigen zu sein pflegt, sondern etwas von der Furcht wie von dem Bildungsgrade des Menschen durchaus Unabhängiges, das durch keine Entwickelung der Kultur vernichtet werden kann, weil das Bewußtsein der Endlichkeit des Menschen inmitten des unendlichen Weltalls, und seiner Sündhaftigkeit, d. h. der Nichterfüllung alles dessen, was er hätte thun können und thun müssen, aber nicht gethan hat, immer bestanden hat und immer bestehen wird, solange der Mensch Mensch bleibt.

In der That: jeder Mensch, sobald er aus dem tierischen Zustande der Kindheit und der ersten Jugend heraustritt, während welcher Zeit er lebt, bloß geleitet von jenen Bedürfnissen, die seine tierische Natur ihm bietet, jeder Mensch, der zum vernünftigen Bewußtsein erwacht ist, kann nicht umhin, zu bemerken, daß um ihn her alles lebt und, unabweichbar einem bestimmten ewigen Gesetze unterworfen, sich erneuert, ohne zu sterben; und daß er allein sich als ein von der ganzen Welt losgelöstes Wesen erkennen muß, das zum Tode verurteilt ist, zum Verschwinden im unbegrenzten Raume und in unendlicher Zeit und zum qualvollen Bewußtsein der Verantwortlichkeit seiner Handlungen, d. h. zum Bewußtsein, daß er schlecht gehandelt hat und besser hätte handeln können.

Und, wenn er dies begriffen hat, kann jeder vernünftige Mensch nicht umhin, nachzudenken und sich zu fragen: wozu diese kurze, unbestimmte, schwankende Existenz inmitten dieser ewigen, fest bestimmten und unendlichen Welt?

Wenn der Mensch eintritt in das wirkliche menschliche Leben, kann er diese Frage nicht umgehen.

Diese Frage steht immer vor jedem Menschen, und jeder Mensch beantwortet sie immer auf die eine oder die andere Weise. Die Antwort aber auf diese Frage ist gerade das, was das Wesen jeder Religion ausmacht. Das Wesen jeder Religion besteht nur in der Antwort auf die Frage: wozu lebe ich und in welcher Beziehung stehe ich zu der mich umgebenden, unendlichen Welt?

Die ganze Metaphysik der Religion aber, alle Lehren über die Gottheiten, über die Entstehung der Welt, alle äußere Gottesverehrung, die gewöhnlich für Religion angenommen wird, sind bloß, je nach geographischen, ethnographischen und historischen Bedingungen, verschiedene, die Religion begleitende Merkmale.

Es giebt keine Religion, von der allererhabensten bis zur allerrohesten herab, die nicht diese Feststellung der Beziehung des Menschen zu der ihn umgebenden Welt oder zu deren Ursprunge in ihrer Grundlage enthielte. Es giebt keine einzige noch so rohe Ceremonie, wie auch keinen noch so raffinierten Kultus, in deren Grundlagen nicht dasselbe enthalten wäre.

Jede religiöse Lehre ist die von dem Stifter der Religion ausgesprochene Beziehung, in welcher er als Mensch sich selbst und infolgedessen alle anderen zu der Welt, zu deren Entstehung oder zu deren Ursprunge anerkennt.

Diese Beziehungen äußern sich auf die mannigfaltigste Weise, je nach den ethnographischen und historischen Bedingungen, in denen sich der Stifter der Religion sowie das Volk befindet, welches sich diese Religion aneignet; überdies werden diese Äußerungen durch die Nachfolger des Lehrers stets auf das verschiedenartigste ausgelegt und entstellt, um so mehr, weil gewöhnlich die Lehre des Stifters auf Jahrhunderte, ja gar auf Jahrtausende das Verständnis der Massen antecipiert; und deswegen scheint es, daß es dergleichen Beziehungen des Menschen zum Weltall, d. h. Religionen, viele giebt; thatsächlich jedoch sind der Grundbeziehungen des Menschen zu der Welt oder zu deren Ursprunge nur drei: 1. die primitive, persönliche, 2. die heidnische, d. i. der Gemeinschaft, der Familie oder des Staates, und 3. die christliche oder göttliche. Streng genommen sind der Grundbeziehungen des Menschen zu der Welt nur zwei: die persönliche, die den Sinn des Lebens in dem Wohle der Persönlichkeit anerkennt, welches einzeln oder in Gemeinschaft mit andern Persönlichkeiten errungen wird, – und die christliche, die den Sinn des Lebens im Dienste dessen anerkennt, der den Menschen in die Welt gesandt hat. Die zweite Beziehung dagegen des Menschen zu der Welt, die heidnische, d. i. die der Gemeinschaft, ist thatsächlich bloß die Erweiterung der ersten.

Die erste und älteste dieser Beziehungen, die noch jetzt unter den Menschen angetroffen wird, welche sich auf der niedrigsten Stufe der Entwickelung befinden, besteht darin, daß der Mensch sich als ein sich selbst genügendes Wesen anerkennt, welches in der Welt lebt, um in derselben das möglichst größte persönliche Wohl zu erringen, unabhängig davon, wie sehr das Wohl anderer Wesen darunter leidet.

Aus dieser ersten Beziehung zu der Welt, in welcher sich jedes Kind bei seinem Eintritt in das Leben befindet, und in welcher die Menschheit auf der ersten Stufe ihrer Entwickelung gelebt hat, wie noch jetzt viele einzelne, sittlich rohe Menschen und wilde Völker leben, sind alle heidnischen alten Religionen entstanden, wie auch die niedrigsten Arten späterer Religionen in ihrer entstellten Form[2]: der Buddhismus, der Taosismus [sic], der Mohammedanismus und das Christentum in ihrer Verunstaltung. Aus dieser Beziehung zum Weltall ist auch der jüngste

[2] Der Buddhismus, obwohl er von seinen Anhängern die Entsagung von den irdischen Gütern und dem Leben selbst verlangt, gründet sich auf dieselbe Beziehung der sich selbst genügenden und zum Wohle prädestinierten Individualität, zu der sie umgebenden Welt, nur mit dem Unterschiede, daß das wirkliche Heidentum das Recht des Menschen auf Genuß anerkennt, der Buddhismus dagegen bloß auf die Abwesenheit der Leiden. Das Heidentum nimmt an, daß die Welt dem Wohle der Individualität dienen muß. Der Buddhismus dagegen nimmt an, daß die Welt vergehen muß, da sie die Leiden der Individualität hervorbringt. Der Buddhismus ist bloß ein negierendes Heidentum.

Spiritismus entstanden, dessen Grundlage auf der Erhaltung der Individualität und des Wohles derselben beruht. Alle heidnischen Gebräuche: das Wahrsagen, die Vergötterung dem Menschen gleicher Wesen oder Heiliger, die für ihn beten, alle Opferungen und Gebete um Spendung irdischer Güter und um Bewahrung vor Unheil, entspringen aus dieser Beziehung des Menschen zum Leben.

Die zweite, heidnische Beziehung des Menschen zu der Welt, d. i. die der Gemeinschaft, die von ihm auf der folgenden Stufe seiner Entwickelung festgestellt wird, eine Beziehung, die hauptsächlich dem Mannesalter eigen ist, besteht darin, daß der Sinn des Lebens nicht in dem Wohle eines einzelnen Individuums, sondern in dem Wohle einer gewissen Vereinigung von Individuen anerkannt wird, wie: Familie, Geschlecht, Volk, Staat, sogar Menschheit (Versuch der Religion der Positivisten).

Bei dieser Beziehung des Menschen zu der Welt wird der Sinn des Lebens von der Individualität auf die Familie, auf das Geschlecht, auf das Volk, auf den Staat, folglich auf eine gewisse Vereinigung von Individualitäten übertragen, deren Wohl dabei als Zweck der Existenz angesehen wird. Aus dieser Beziehung entstehen alle patriarchalischen und Gemeinschafts-Religionen gleichen Charakters: die chinesische und die japanische Religion, die Religion des auserwählten Volkes, der Juden, die Staats-Religion der Römer, unsere kirchliche Staats-Religion, die durch Augustinus auf diese Stufe herabgesetzte und allgemein mit dem ihr nicht zukommenden Namen als christlich bezeichnete Religion, sowie die beabsichtigte Menschheits-Religion, d. i. die der Positivisten. Alle Gebräuche der Anbetung der Ahnen in China und Japan, der Vergötterung der Imperatoren in Rom, der ganze complicierte hebräische Kultus, der den Zweck hat, den vom auserwählten Volke mit Gott geschlossenen Bund aufrecht zu erhalten, alle Familien-, Gemeinschafts-, kirchlich-christlichen Gebete für die Wohlfahrt des Staates und für die militärischen Erfolge beruhen auf dieser Beziehung des Menschen zu der Welt.

Die dritte Beziehung des Menschen zu der Welt, die christliche, in welcher sich unwillkürlich jeder alte Mensch befindet und in welche jetzt, meiner Meinung nach, die Menschheit tritt, besteht darin, daß der Sinn des Lebens von dem Menschen nicht mehr in der Erreichung seines persönlichen Zweckes oder des Zweckes einer beliebigen Gesamtheit erkannt wird, sondern nur darin, dem Willen zu dienen, der ihn und die ganze Welt hervorgerufen hat, also nicht zur Erringung seines eigenen Zweckes, sondern zur Erreichung der Zwecke dieses Willens.

Aus dieser Beziehung zum Weltall entsteht die uns bekannte religiöse Lehre, deren Keime bereits in der Lehre der Alten ruhten: der Pythagoreer, der Therapeuten, der Essener, der Ägypter, der Perser, der Brahmanen, der Buddhisten und der Taosisten [sic] in ihren höchsten Repräsentanten, die aber ihren vollen und letzten Ausdruck erst im Christentum, in dessen wahrer, unverfälschter Bedeutung erhalten hat. Alle Gebräuche der alten Religionen, die aus dieser Auffassung des Lebens entsprangen, und alle äußeren Formen der Gemeinschaften unserer Zeit, wie die der Unitarier, der Universalisten, der Quäker, der Serbischen Nazarener, der Russischen Duchoborzy und aller sogenannten rationalistischen Sekten, alle ihre Predigten, Lobgesänge, Versammlungen und Bücher sind religiöse Kundgebungen dieser Beziehungen des Menschen zum Weltall.

Alle möglichen Religionen, welcher Art sie sein mögen, verteilen sich notwendigerweise in diese drei Beziehungen des Menschen zum Weltall.

Jeder Mensch, der aus dem tierischen Zustande herausgetreten ist, erkennt notwendigerweise die eine oder die andere oder dritte dieser Beziehungen an; und in dieser Anerkennung besteht eben die wahre Religion eines jeden Menschen, zu welchem Glauben nominell er sich auch bekennen mag.

Jeder Mensch macht sich ganz entschieden irgend eine Vorstellung von seiner Beziehung zum Weltall, weil ein vernünftiges Wesen nicht in der es umgebenden Welt leben kann, ohne in irgend welcher Beziehung zu derselben zu stehen. Da nun die Menschheit bisher nur drei solcher Beziehungen zu dieser Welt ausgearbeitet hat, und uns folglich nur diese drei bekannt sind, hält sich jeder Mensch unbedingt an eine der drei bestehenden Beziehungen und gehört, er mag wollen oder nicht, zu einer der drei Grund-Religionen, in die das ganze Menschengeschlecht eingeteilt wird.

Die weitverbreitete Behauptung der Menschen der Kultur-Masse der christlichen Welt, daß sie eine so hohe Stufe der Entwickelung erreicht hätten, daß sie bereits keiner Religion mehr bedürften und keine besäßen, bedeutet deshalb thatsächlich nichts anderes, als daß diese Leute, indem sie die christliche Religion, die einzige unserer Zeit angemessene, nicht anerkennen, der niedrigsten oder Gemeinschafts-Familien-Staats-Religion, oder der ursprünglichen heidnischen Religion anhängen, ohne sich dessen selbst bewußt zu sein. Ein Mensch ohne Religion, d. h. ohne irgend welche Beziehung zum Weltall, ist ebenso unmöglich, wie ein Mensch ohne Herz. Er kann, möglicherweise, nicht wissen, daß er eine Religion besitzt, wie ein Mensch mitunter nicht wissen kann, daß er ein Herz hat, aber ohne Religion wie ohne Herz kann ein Mensch nicht existieren.

Die Religion ist jene Beziehung, die der Mensch zwischen sich und der ihn umgebenden unendlichen Welt oder zu deren Entstehung und deren Ursprung anerkennt; und der vernünftige Mensch kann nicht umhin, sich in irgend einer Beziehung zu derselben zu befinden.

Sie werden vielleicht einwenden, daß die Feststellung der Beziehung des Menschen zum Weltall nicht Sache der Religion sei, sondern vielmehr der Philosophie, oder überhaupt der Wissenschaft, wenn man die Philosophie als einen Teil derselben betrachtet. Ich glaube das nicht. Ich denke im Gegenteil, daß die Annahme, die Wissenschaft überhaupt, die Philosophie mit eingeschlossen, könne die Beziehung des Menschen zum Weltall feststellen, durchaus irrig ist und die Hauptursache jener Verwirrung der Begriffe über Religion, Wissenschaft und Moral bildet, die in den Kulturschichten unserer Gesellschaft existiert.

Die Wissenschaft, die Philosophie mit eingeschlossen, kann nicht die Beziehungen des Menschen zu der unendlichen Welt oder zu deren Ursprunge feststellen, und zwar schon deshalb nicht, weil, bevor irgend eine Philosophie oder irgend eine Wissenschaft entstehen konnte, bereits Eines existieren mußte, ohne welches keinerlei Gedankenthätigkeit möglich ist, nämlich eine gewisse Beziehung des Menschen zu der Welt oder zu deren Urgrund.

Wie es nicht möglich ist, daß der Mensch vemittelst einer beliebigen Bewegung die Richtung findet, in welcher er sich fortbewegen muß, jede Bewegung aber notwendigerweise sich in irgend einer Richtung vollziehen muß, ist es auch unmöglich vermittelst der geistigen Arbeit der Philosophie oder der Wissenschaft die Richtung zu finden, in welcher diese Arbeit ausgeführt werden muß, sondern jede geistige Arbeit vollzieht sich in irgend einer ihr bereits angewiesenen Richtung. Eine solche Richtung aber wird jeder geistigen Arbeit stets von der Religion angewiesen. Alle uns bekannten Philosophien, angefangen von *Plato* bis *Schopenhauer*, sind stets unbedingt der ihnen von der Religion angewiesenen Richtung gefolgt. Die Philosophie *Plato's* und seiner Nachfolger war eine heidnische Philosophie, welche die Mittel zur Erlangung des höchsten Wohles des einzelnen Individuums, wie der Gesamtheit der Individuen, im Staate erforschte. Die mittelalterliche, aus derselben heidnischen Lebensanschauung entsprossene kirchlich-christliche Philosophie suchte die Mittel der Rettung der Individualität, d. h. der Erlangung des höchsten Wohles der Individualität im zukünftigen Leben, und brachte in ihren theokratischen Versuchen bloß Abhandlungen über die Organisation des Wohles der Gemeinschaften.

Die neueste Philosophie von *Kant* und *Hegel* hat die gemeinschafts-staatlich-religiöse Lebensanschauung zur Grundlage. Die pessimistische Philosophie von *Schopenhauer* und von *Hartmann* ist, indem sie sich von der hebräischen religiösen Weltanschauung freimachen wollte, den religiösen Grundlagen des Buddhismus verfallen. Die Philosophie war immer und wird stets nichts anderes sein, als die Erforschung dessen, was aus der, von der Religion festgestellten Beziehung des Menschen zum Weltall entspringt, da vor der Feststellung dieser Beziehung kein

Material zu philosophischer Forschung vorhanden war.

Dasselbe gilt von der positiven Wissenschaft im engen Sinne des Wortes. Eine derartige Wissenschaft war immer und wird stets nichts anderes sein, als die Erforschung und das Studium aller derjenigen Gegenstände und Erscheinungen, die sich dank einer gewissen, von der Religion festgestellten Beziehung des Menschen zum Weltall der Erforschung aufdrängen.

Die Wissenschaft war niemals und wird niemals das Erforschen von „Allem" sein, wie die Männer der Wissenschaft heutzutage in aller Treuherzigkeit glauben (dies wäre auch unmöglich, da die der Erforschung unterworfenen Gegenstände eine unzählige Menge bilden), sondern nur das Studium dessen, was von der Religion in regelmäßiger Ordnung und je nach dem Grade ihrer Bedeutung aus der ganzen zahllosen Menge der Gegenstände, der Erscheinungen und der Bedingungen, die der Erforschung unterliegen, hervorgehoben wird. Und deshalb ist die Wissenschaft nicht eine einzige, sondern es giebt ebensoviele Wissenschaften, wie es Religionen giebt. Jede Religion wählt bloß einen gewissen Kreis von Gegenständen aus, die der Erforschung unterliegen, und deshalb trägt die Wissenschaft jeder besonderen Zeit und jedes besonderen Volkes unbedingt den Charakter derjenigen Religion an sich, von deren Standpunkte aus sie die Gegenstände betrachtet.

Die heidnische Wissenschaft, die zur Zeit der Renaissance wieder auftrat und die auch jetzt in unserer Gesellschaft unter dem Namen der christlichen blüht, war immer und ist noch heute nichts anderes, als die Erforschung aller jener Bedingungen, unter welchen der Mensch das höchste Wohl erringt, sowie aller jener Erscheinungen der Welt, die ihm dasselbe verschaffen können. Die Brahmanische und die Buddhistische philosophische Wissenschaft war immer bloß die Erforschung derjenigen Bedingungen, unter welchen der Mensch sich von den ihn bedrückenden Leiden befreit. Die hebräische Wissenschaft (der Talmud) war stets bloß das Studium und die Erklärung derjenigen Bedingungen, die der Mensch erfüllen mußte, um seinen Vertrag mit Gott zu wahren und das auserwählte Volk auf der

Höhe seines Berufes zu erhalten. Die kirchlich-christliche Wissenschaft war und ist die Erforschung derjenigen Bedingungen, durch welche die Erlösung des Menschen erlangt wird. Die wahrhaft-christliche Wissenschaft, die, welche eben erst entsteht, ist die Erforschung derjenigen Bedingungen, durch welche der Mensch die Forderungen des höchsten Willens, der ihn gesandt hat, erkennen und im Leben anwenden kann.

Weder die Philosophie noch die Wissenschaft kann die Beziehung des Menschen zum Weltall feststellen, weil diese Beziehung festgestellt sein muß, bevor eine beliebige Philosophie oder Wissenschaft ihren Anfang nehmen kann. Sie können dies auch schon deshalb nicht, weil die Wissenschaft, die Philosophie miteinbegriffen, die Erscheinungen verstandesmäßig und unabhängig von der Stellung des Forschenden, wie von den ihn beherrschenden Gefühlen, erforscht. Die Beziehung aber des Menschen zum Weltall wird nicht nur durch die Vernunft bestimmt, sondern auch durch das Gefühl, d. h. durch das ganze Zusammenwirken der geistigen Kräfte des Menschen. So viel man dem Menschen auch einflößen und erklären mag, daß alles wirklich Existierende nur Ideen sind, daß Alles nur aus Atomen besteht, oder daß das Wesen des Lebens Substanz oder Wille ist, oder daß Wärme, Licht, Bewegung, Elektrizität verschiedene Erscheinungen ein und derselben Energie sind. – Alles dies wird dem Menschen, diesem fühlenden, leidenden, sich freuenden, fürchtenden und hoffenden Wesen, seine Stellung in der Welt nicht klar machen. Diese Stellung und darum die Beziehung zum Weltall wird ihm bloß von der Religion angewiesen, die zu ihm sagt: Die Welt existiert für dich, darum nimm von diesem Leben Alles, was du von ihm nehmen kannst; oder: Du bist ein Glied des von Gott geliebten Volkes, diene diesem Volke, erfülle Alles, was Gott vorgeschrieben hat, und du wirst mitsamt dem auserwählten Volke das höchste dir erreichbare Wohl erlangen; oder: Du bist das Werkzeug eines höheren Willens, der dich in die Welt gesandt hat, damit du das dir vorausbestimmte Werk vollbringst. Erkenne diesen Willen und erfülle ihn und du wirst das Beste für dich gethan haben, was du thun konntest.

Zum Verständnisse der Philosophie und der Wissenschaft bedarf es der Vorbereitung und des Studiums; für den religiösen Begriff ist solches nicht notwendig; er ist sofort jedem zugänglich, sei es auch dem beschränktesten und ungebildetsten Menschen.

Damit der Mensch seine Beziehung zu der ihn umgebenden Welt oder zu deren Ursprunge erkenne, bedarf er weder philosophischer noch wissenschaftlicher Kenntnisse; der Überfluß an Kenntnissen kann vielmehr die Erkenntnis hemmen, indem er sie durch Überlastung versperrt; notwendig ist bloß: eine, wenn auch nur zeitweise, Entsagung gegenüber den Eitelkeiten der Welt, eine Erkenntnis der eigenen materiellen Nichtigkeit, und eine Wahrhaftigkeit, die, wie es auch im Evangelium heißt, öfters in Kindern und in ganz einfachen, am wenigsten gebildeten Menschen zu finden ist. Deshalb sehen wir auch, daß oft die einfachsten, ungelehrten und ungebildeten Leute vollkommen klar, bewußt und leicht die höhere christliche Lebensanschauung annehmen, während die gelehrtesten und kultiviertesten Leute fortfahren, in dem rohesten Heidentume zu verharren. So sehen wir z. B. wie die verfeinertsten und hochgebildetsten Leute den Sinn des Lebens im persönlichen Genusse oder in der Befreiung ihrer selbst vom Schmerze sehen, wie es der höchst kluge und höchst gebildete Schopenhauer gethan hat, oder in der Rettung der Seele vermittelst der Sakramente und der Gnade, wie es höchst gebildete Leute geglaubt haben und glauben; während der russische Bauer-Sektant, der kaum zu lesen und zu schreiben versteht, ohne die geringste geistige Anstrengung den Sinn des Lebens gerade in dem erkennt, worin ihn die größten Weisen der Welt, *Epiktetos, Marcus Aurelius* und *Seneca,* erkannten: in der Erkenntnis seiner selbst als eines Werkzeuges des Willens Gottes – als des Sohnes Gottes.

Sie werden mich jedoch fragen: Worin besteht denn das Wesen dieser nicht wissenschaftlichen und nicht philosophischen Art der Erkenntnis? Wenn diese Erkenntnis keine wissenschaftliche und keine philosophische ist, was ist sie dann für eine? Wodurch wird sie bestimmt? – Auf diese Fragen kann ich nur

Folgendes antworten: Da die religiöse Erkenntnis diejenige ist, auf welche jede andere sich gründet, und die jeder andern Erkenntnis vorangeht, so können wir sie nicht präzisieren, da uns das Werkzeug dazu fehlt. In der theologischen Sprache wird diese Erkenntnis Offenbarung genannt. Und diese Benennung, wenn man dem Worte Offenbarung keinerlei mystische Bedeutung beilegt, ist vollkommen richtig, weil die Erkenntnis weder durch Studium, noch durch Bemühungen eines einzelnen oder mehrerer Menschen, sondern dadurch gewonnen wird, daß einzelne oder mehrere Menschen jene Äußerung der unendlichen Vernunft, die sich allmählich den Menschen offenbart, in sich aufnehmen.

Weshalb konnten die Menschen vor zehntausend Jahren nicht begreifen, daß der Sinn ihres Lebens nicht erschöpft wird durch das Wohl des Individuums, worauf eine Zeit kam, wo die Erkenntnis des Lebens als Familie, Gemeinschaft, Volk und Staat sich den Menschen offenbarte? Weshalb that sich in unserem historischen Gedächtnisse die christliche Lebenserkenntnis den Menschen kund? Und weshalb offenbarte sie sich gerade diesem oder diesen Menschen und gerade zu dieser Zeit und gerade an diesem und nicht an einem andern Orte, gerade in dieser und nicht in einer andern Form? Wenn man sich bemühen wollte, diese Fragen zu beantworten, indem man die Ursachen davon in den historischen Bedingungen der Zeit, des Lebens und des Charakters jener Menschen suchte, die sich zu allererst diese Lebensanschauung angeeignet haben, welche sich sodann in den besonderen Eigenschaften dieser Menschen kund gethan hat, so wäre es dasselbe, als wollte man sich bemühen, die Frage zu beantworten, weshalb die aufgehende Sonne zuerst gerade diese und nicht andere Gegenstände beleuchtet. Die Sonne der Wahrheit steigt immer höher und höher über dem Weltall auf, erleuchtet es immer mehr und spiegelt sich in den Gegenständen wieder, welche zu allererst der Beleuchtung der Sonnenstrahlen ausgesetzt und am meisten fähig sind, dieselben zurückzuwerfen. Die Eigenschaften aber, welche diese oder jene Menschen mehr als andere befähigen, diese aufgehende Wahrheit in sich aufzunehmen, sind nicht irgend welche aktive Eigenschaften des Verstandes, sondern vielmehr die passiven Eigenschaften des Herzens, die selten mit einem großen und bedeutenden Verstande zusammenfallen: Entsagung gegenüber den Eitelkeiten der Welt, Erkenntnis der eigenen materiellen Nichtigkeit, Wahrheitsliebe, – wie wir es auch an allen Religionsstiftern sehen, die sich nie, weder durch philosophische noch durch wissenschaftliche Kenntnisse ausgezeichnet haben.

Meiner Meinung nach besteht der Hauptirrtum, der mehr als alles andere den wahrhaften Fortschritt unserer christlichen Menschheit hemmt, gerade darin, daß die Männer der Wissenschaft unserer Zeit, die sich jetzt auf den Stuhl Moses' gesetzt haben, geleitet von der zur Zeit der Renaissance wiederhergestellten heidnischen Weltanschauung, die roheste Verunstaltung des Christentums für das Wesen des Christentums ansehen und feststellen, daß dies ein von den Menschen bereits durchlebter Zustand sei, und behaupten, daß im Gegenteil jene heidnische gemeinschafts-staatliche, alte, thatsächlich von der Menschheit überlebte Lebensanschauung, an der sie festhalten, gerade die höchste und zwar eine derartige Lebensanschauung ist, an der die Menschheit unabweichbar festhalten muß, – daß sie das wahre Christentum, welches jene höchste Lebensanschauung bildet, der die ganze Menschheit entgegengeht, nicht nur nicht verstehen, sondern sich auch gar nicht bemühen, es zu verstehen.

Die Hauptursache dieses Mißverständnisses liegt darin, daß die Männer der Wissenschaft, nachdem sie mit dem Christentum zerfallen sind und die Nichtübereinstimmung desselben mit ihrer Wissenschaft erkannt haben, die Schuld davon nicht ihrer Wissenschaft, sondern dem Christentum zugeschrieben haben, d. h. sie haben geglaubt, nicht was thatsächlich der Fall ist, nämlich daß ihre Wissenschaft um 1800 Jahre vor dem Christentum, das bereits den größten Teil der gegenwärtigen Gesellschaft umfaßt, zurückgeblieben ist, sondern das Christentum sei um 1800 Jahre vor der Wissenschaft zurückgeblieben. Aus dieser Verwechselung der beiderseitigen Rollen entsteht auch die auffallende Erscheinung, daß es keine Menschen mit verworreneren Begriffen über das Wesen des wahren Wissens, über Religion, über Moral und über das Leben giebt, als die Männer der Wissenschaft; und eine noch auffallendere Erscheinung ist die, daß die Wissenschaft unserer Zeit, während sie wahrhaft große Fortschritte auf ihrem Gebiete der Erforschung der Bedingungen der materiellen Welt vollbringt, sich in dem Leben der Menschen als vollständig unnütz oder in ihren Folgen schädlich erweist.

Und deshalb glaube ich, daß keinesfalls, weder die Philosophie noch die Wissenschaft die Beziehung des Menschen zum Weltall feststellt, sondern nur die Religion.

Und somit antworte ich auf Ihre erste Frage, was ich unter dem Worte „Religion" verstehe, Folgendes:

Die Religion ist die von dem Menschen zwischen ihm und dem ewigen, unendlichen Weltall oder dessen Entstehung und Ursprung festgestellte Beziehung.

Aus dieser Antwort auf die erste Frage entspringt von selbst die Antwort auf die zweite Frage:

Wenn die Religion die festgestellte Beziehung des Menschen zum Weltall ist, die den Sinn seines Lebens bestimmt, so ist die Moral die Bezeichnung und Erklärung jener Thätigkeit des Menschen, die sich aus dieser oder jener Beziehung des Menschen zum Weltall von selbst ergiebt. Da aber der Grundbeziehungen zum Weltall oder zu dessen Urgrund uns nur zwei bekannt sind, wenn man die heidnische Gemeinschafts-Beziehung als eine Ausdehnung der persönlichen Beziehung betrachtet, oder drei, wenn man die heidnische Gemeinschafts-Beziehung als eine besondere betrachtet, – so existieren auch nur drei sittliche Lehren: die ursprüngliche rohe persönliche Sittenlehre, die heidnische Familien-, Gemeinschafts- und Staats-Sittenlehre und die christliche, die darin besteht, dem Weltall oder Gott zu dienen – die göttliche Lehre.

Aus der ersten Beziehung des Menschen zum Weltall entstehen die, allen heidnischen Religionen eigenen Sittenlehren, deren Grundlage das Streben nach dem Wohle der einzelnen Individualität bildet und die deshalb alle Zustände feststellt, welche der Individualität das höchste Wohl bieten und die Mittel zur Erlangung dieses Wohles anweisen. Dieser Beziehung zum Weltall entspringen folgende Sittenlehren: Diejenige der Epikureer in ihrer niedrigsten Erscheinung, die Sittenlehre des Mohammedanismus, die das Wohl der Individualität in dieser und in jener Welt verheißt, die kirchlich-christliche Sittenlehre, deren Endzweck die Erlösung ist, d. h. das Wohl der Individualität vorzüglich im Jenseits, und die weltliche Sittenlehre des egoistischen Utilitarismus, die bloß das Wohl der Individualität in dieser Welt zum Endzweck hat.

Derselben Lehre, die das Wohl des einzelnen Menschen und darum seine Befreiung von den Leiden der Individualität als Zweck des Lebens hinstellt, entspringt die Sittenlehre des Buddhismus in seiner rohen Form, sowie die weltliche pessimistische Lehre.

Aus der zweiten, heidnischen Beziehung des Menschen zum Weltall, die das Wohl einer gewissen Gesamtheit von Individualitäten als Endzweck des Lebens aufstellt, entstehen diejenigen Sittenlehren, die von dem Menschen verlangen, jener Gesamtheit zu dienen, deren Wohl als Zweck des Lebens anerkannt wird. Dieser Lehre nach wird der Genuß des persönlichen Wohles nur in dem Maße zugelassen, in welchem es von der ganzen Gesamtheit errungen wird, welche die religiöse Grundlage des Lebens bildet.

Aus dieser Beziehung zum Weltall entstehen die uns bekannten Sittenlehren der römischen und der griechischen Welt, wo die Individualität sich stets der Gesamtheit zum Opfer brachte, sowie auch die Sittenlehre der Chinesen; aus derselben Beziehung entsteht die Sittenlehre der hebräischen Unterordnung des persönlichen Wohles unter das Wohl des auserwählten Volkes, sowie die kirchlich-staatliche Sittenlehre unserer Zeit, welche das Opfer der Individualität zum Wohle des Staates verlangt.

Aus dieser Beziehung zum Weltall geht auch die Moral der Mehrzahl der Frauen hervor, die ihre Individualität dem Wohle der Familie und namentlich der Kinder opfern.

Die ganze Alte Geschichte, sowie auch teilweise die Geschichte des Mittelalters und der Neuzeit ist voll von Beschreibungen von Heldenthaten dieser Familien-, Gemeinschafts- und Staats-Moral. Auch in unserer Zeit folgt die Mehrzahl der Menschen, die sich einbilden, daß sie die christliche Sittlichkeit ausüben, wenn sie das Christentum bekennen, thatsächlich bloß dieser Familien- und Staats-Moral, d. h. der Moral des Heidentums, und stellt diese Moral als Ideal der Erziehung der neuen Generation auf.

Aus der dritten, christlichen Beziehung zum Weltall, die in des Menschen Anerkennung seiner selbst als Werkzeugs eines höheren Willens zur Erfüllung der Zwecke desselben besteht, entspringen auch die, dieser Lebensauffassung entsprechenden Sittenlehren, welche die Abhängigkeit des Menschen von dem höheren Willen erklären und die Forderungen dieses Willens feststellen. Aus dieser Beziehung des Menschen zum Weltall gehen alle höheren der Menschheit bekannten Sittenlehren hervor, wie die der Pythagoreer, der Stoiker, der Buddhisten, der Brahmanen, der Taosisten in ihrer höchsten Kundgebung, sowie die christliche in ihrer wahren Bedeutung, mit ihrer Forderung, dem persönlichen Willen und dem Wohle, nicht bloß dem persönlichen Wohle, sondern auch dem Wohle der Familie, der Gemeinschaft und des Staates, zu entsagen im Namen der Erfüllung des uns in unserem Bewußtsein offenbar gewordenen Willens Dessen, der uns in das Leben gesandt hat. Aus dieser, der anderen oder der dritten Beziehung zum unendlichen Weltall oder zu dessen Urbeginn entspringt die wahrhafte, ungeheuchelte Sittlichkeit jedes Menschen, gleichviel was er nominell als Moral bekennt und predigt, oder was er zu scheinen beabsichtigt.

Sodaß der Mensch, der das Wesen seiner Beziehung zum Weltall in der Erlangung des höchsten Wohles für sich anerkennt, – wie viel er auch darüber sprechen mag, daß er es für sittlich halte, für die Familie, für die Gemeinschaft, für den Staat, für die Menschheit oder für die Erfüllung des Willens Gottes zu leben,– sich allerdings kunstvoll vor den Menschen verstellen kann, indem er sie betrügt, thatsächlich jedoch das Motiv seiner Handlungen stets bloß das Wohl seiner Persönlichkeit sein wird, sodaß, wenn die Notwendigkeit einer Wahl eintritt, er nicht der Familie, dem Staate oder der Erfüllung des Willens Gottes seine Persönlichkeit, sondern im Gegenteil Alles für sich opfern würde; denn, da er den Sinn seines Lebens bloß in dem Wohle seiner Persönlichkeit sieht, kann er nicht anders handeln, solange er nicht seine Beziehung zum Weltall verändert hat.

Ebenso: bei einem Menschen, dessen Beziehung zum Weltall darin besteht, seiner Familie (wie es vorzugsweise bei Frauen der Fall ist) oder seinem Geschlechte, dem Volke oder dem Staate zu dienen, – wie viel er auch darüber sprechen mag, daß er ein Heide und nicht ein Christ sei, – wird seine Sittlichkeit dennoch stets entweder eine Familien-, eine Volks-, oder eine Staats-Sittlichkeit sein und nicht eine heidnische oder christliche; und wenn die Notwendigkeit einer Wahl zwischen dem Wohle der Familie, der Gemeinschaft und dem persönlichen Wohle, oder zwischen dem Wohle der Gemeinschaft und der Erfüllung des Willens Gottes eintritt, wird er es unbedingt vorziehen, dem Wohle jener Gemeinschaft der Menschen zu dienen, für die er seiner Weltanschauung nach existiert, weil er in diesem Dienste allein den Sinn seines Lebens erblickt.

Und ebenso, wie viel man einem Menschen, der seine Beziehung zum Weltall in der Erfüllung des Willens Dessen erblickt, der ihn gesandt hat, auch einreden mag, daß er, entsprechend den Forderungen der Individualität, der Familie, des Volkes, des Staates, der Menschheit, Handlungen begehen sollte, die entgegen wären dem höheren Willen, den er in den in ihm selbst ruhenden Eigenschaften der Vernunft und der Liebe erkennt: – er wird stets die Individualität, die Familie, das Vaterland und die Menschheit opfern, um nicht von dem Willen Dessen abzuweichen, der ihn gesandt hat, weil er nur in der Erfüllung dieses Willens den Sinn seines Lebens erblickt.

Die Moral kann nicht unabhängig von der Religion sein, weil

sie nicht bloß eine Folge der Religion, d. h. jener Beziehung ist, in der sich der Mensch zum Weltall anerkennt, sondern weil sie in der Religion bereits mitinbegriffen (impliziert) ist.

Jede Religion ist eine Antwort auf die Frage: was ist der Sinn meines Lebens? Und die religiöse Antwort schließt stets bereits eine gewisse sittliche Forderung in sich ein, die der Erklärung des Sinnes des Lebens zuweilen folgen und zuweilen vorausgehen kann. Die Frage nach dem Sinne des Lebens kann man folgendermaßen beantworten: der Sinn des Lebens besteht in dem Wohle der Individualität, genieße deshalb alles Gute, was dir erreichbar ist, oder: der Sinn des Lebens besteht in einer gewissen Gesamtheit, diene deshalb dieser Gesamtheit mit allen deinen Kräften; oder: der Sinn des Lebens besteht in der Erfüllung des Willens Dessen, der dich gesandt hat, strebe deshalb mit allen Kräften danach diesen Willen zu erkennen und zu erfüllen. Auf dieselbe Frage kann man folgendermaßen antworten: der Sinn deines Lebens besteht in deinem persönlichen Genusse, da darin die Bestimmung des Menschen liegt; oder der Sinn deines Lebens besteht darin, jener Gesamtheit zu dienen, als deren Glied du dich ansiehst, da dies deine Bestimmung ist; oder: der Sinn deines Lebens besteht in dem Dienste Gottes, da dies allein deine Bestimmung ist.

Die Moral ist in der von der Religion gegebenen Erklärung des Lebens miteingeschlossen und kann deshalb keinenfalls von der Religion getrennt werden. Diese Wahrheit ist namentlich offenbar in jenen Versuchen der nicht-christlichen Philosophen, die höheren Sittlichkeitslehren ans ihrer Philosophie abzuleiten. Diese Philosophen sehen, daß die christliche Moral unumgänglich notwendig ist, daß man ohne sie nicht leben kann; mehr als das: sie sehen, daß sie ist, und sie möchten sie in irgend einer Weise mit ihrer nicht-christlichen Philosophie verbinden und sogar die Sache derart hinstellen, als ob die christliche Sittlichkeit aus ihrer heidnischen oder Gemeinschafts-Philosophie hervorginge. Und sie versuchen das zu thun, aber gerade diese Versuche zeigen offenbarer als alles andere, nicht nur die Unabhängigkeit, sondern auch den vollen Widerspruch der christlichen

Moral mit der heidnischen Philosophie des persönlichen Wohles und des Vermeidens des persönlichen Leidens und mit der Gemeinschafts-Philosophie.

Die christliche Ethik, die wir infolge unserer religiösen Weltanschauung anerkennen, verlangt nicht nur das Opfer der Individualität für die Gesamtheit der Individualitäten, sondern sie verlangt auch, daß wir der eigenen Individualität und der Gesamtheit der Individualitäten zum Dienste Gottes entsagen; die heidnische Philosophie dagegen erforscht die Mittel zur Erlangung des höchsten Wohles der Individualität oder deren Gesamtheit; und deshalb ist der Widerspruch unvermeidlich. Um diesen Widerspruch zu verbergen, giebt es nur ein Mittel – und zwar: abstrakte, relative Begriffe aufeinanderzuhäufen und aus dem nebelhaften Gebiete der Metaphysik nicht herauszutreten.

So thaten auch hauptsächlich die Philosophen seit der Zeit der Renaissance; und eben diesem Umstande: der Unmöglichkeit, die Forderungen der christlichen, als bereits vorher gegeben anerkannten Moral mit der, aus heidnischen Grundlagen entsprossenen Philosophie auszusöhnen, muß man jene eigentümliche Abstraktheit der neuen Philosophen zuschreiben, sowie ihre Unklarheit, Unverständlichkeit und Entfremdung vom Leben. Ausgenommen *Spinoza*, der in seiner Philosophie von religiösen, und, obgleich er nicht zu den Christen zählte, wahrhaft christlichen Grundlagen ausging, und der geniale *Kant*, der seine Ethik unabhängig von seiner Metaphysik hinstellte, ersinnen alle übrigen Philosophen, selbst der glänzende *Schopenhauer*, eine offenbar nur künstliche Verbindung zwischen ihrer Ethik und ihrer Metaphysik.

Man fühlt, daß die christliche Ethik etwas vorher gegebenes ist, das vollkommen fest und unabhängig von der Philosophie dasteht und nicht der ihr untergeschobenen fiktiven Stützen bedarf, sondern daß die Philosophie bloß solche Sätze ersinnt, nach welchen die gegebene Ethik ihr nicht widersprechen, sondern sich mit ihr verbinden und gleichsam aus ihr hervorgehen müßte. Alle diese Sätze jedoch scheinen die christliche Ethik nur solange zu rechtfertigen, als man sie in abstrakter Weise betrachtet. Sobald man sie jedoch an Fragen des praktischen Lebens anwendet, tritt sofort nicht nur die Nichtübereinstimmung, sondern der offenbare Widerspruch der philosophischen Grundlagen mit dem, was wir als Moral annehmen, mit aller Kraft hervor.

Der unlängst so berühmt gewordene unglückliche *Nietzsche* ist besonders wertvoll durch die Bekundung dieses Widerspruchs.

Er ist unwiderlegbar, wenn er sagt, daß alle Regeln der Sittlichkeit von dem Standpunkte der bestehenden, nicht christlichen Philosophie aus nichts anderes seien als Lüge und Heuchelei, und daß es für den Menschen viel vorteilhafter, angenehmer und vernünftiger wäre, eine Gemeinschaft von Übermenschen zu gründen und einer derselben zu sein, als zu jener Menge zu gehören, welche diesen Übermenschen zum Gerüste dienen müßte.

Keinerlei Konstruktionen der, aus der heidnischen religiösen Weltanschauung hervorgegangenen Philosophie können dem Menschen beweisen, daß es für ihn vorteilhafter und vernünftiger sei, nicht für sein erwünschtes, verständliches und mögliches Wohl oder für das Wohl der Familie und der Gemeinschaft zu leben, sondern für ein fremdes, nicht erwünschtes, unverständliches und durch menschliche schwache Mittel nicht zu erreichendes Wohl.

Die auf jener Erkenntnis des Lebens begründete Philosophie, welche in dem Wohle des Menschen besteht, wird nie imstande sein, dem vernünftigen Menschen, der da weiß, daß er jeden Augenblick sterben kann, zu beweisen, daß es für ihn gut und notwendig sei, dem eigenen erwünschten, verständlichen und unzweifelhaften Wohle zu entsagen, und zwar nicht einmal zum Wohle Anderer, weil er nie wissen kann, welches die Folgen seines Opfers sein werden, sondern bloß um deswillen, weil es notwendig und gut, d. h. weil es ein kategorischer Imperativ ist.

Dieses vom heidnisch-philosophischen Standpunkte aus zu beweisen, ist unmöglich. Um zu beweisen, daß alle Menschen gleich sind, daß es für den Menschen besser ist, sein Leben hinzugeben, um Anderen zu dienen, als andere Menschen zu zwingen, ihm zu dienen, indem er ihr Leben bedrückt, muß man seine Beziehung zum Weltall anders feststellen: man muß begreifen, daß die Stellung des Menschen derart ist, daß er eben dieses zu thun hat, weil der Sinn seines Lebens nur in dem Willen Dessen ruht, der ihn gesandt hat; der Wille aber Dessen, der ihn gesandt hat, besteht darin, daß er sein Leben dem Dienste der Menschen hingeben soll. Eine solche Veränderung der Beziehung des Menschen zum Weltall giebt aber bloß die Religion.

Dasselbe ist der Fall mit den Versuchen, die christliche Moral mit den Grundlagen der heidnischen Wissenschaft auszusöhnen und sie sogar aus derselben abzuleiten. Keinerlei Sophismen und Ausflüchte vernichten jenen einfachen und klaren Grundsatz, daß das Gesetz der Revolution, das in der Basis der ganzen Wissenschaft unserer Zeit enthalten ist, sich auf das allgemeine, ewige und unveränderliche Gesetz des Kampfes ums Dasein und auf das Überleben des Tüchtigsten, *„the fittest"*, gründet, und daß deshalb jeder Mensch zur Erlangung seines Wohles oder des Wohles seiner Gesamtheit dieser *„fittest"* sein und seine Gesamtheit dazu machen soll, damit nicht er und seine Gesamtheit zu Grunde gehen, sondern der Andere, der Untüchtige.

Wie sehr sich auch manche Naturalisten, von den logischen Schlüssen dieses Gesetzes und dessen Anwendung auf das menschliche Leben zurückschreckend, bemühen, dieses Gesetz zu vertuschen und mit Worten totzureden, so beweisen doch alle ihre Versuche nur noch offenbarer die Unwiderlegbarkeit dieses Gesetzes, welches das Leben der ganzen organischen Welt und somit auch des als Tier betrachteten Menschen lenkt.

Genau zu der Zeit, als ich dieses schrieb, erschien eine russische Übersetzung einer Abhandlung von *Huxley* über die Evolution und die Ethik.

In dieser Abhandlung versucht dieser gelehrte Professor, ebenso wie vor einigen Jahren unser berühmter Professor *Beketov* und viele andere, die über denselben Gegenstand geschrieben haben, versucht hatten, und zwar mit demselben Mißerfolge wie seine Vorgänger, zu beweisen, daß der Kampf ums Dasein die

Sittlichkeit nicht verletzt, und daß bei Anerkennung des Gesetzes des Kampfes ums Dasein als des Grundgesetzes des Lebens die Sittlichkeit nicht nur bestehen, sondern auch sich vervollkommnen könne. Die Abhandlung *Huxley's* ist überfüllt von allerlei Scherzen, Versen und allgemeinen Ansichten über Religion und Philosophie der Alten und ist infolgedessen so kraus und verworren, daß man nur mit großer Mühe sich zu deren Grundidee durcharbeiten kann. Diese Idee indessen ist folgende: Das Gesetz der Evolution ist dem Gesetze der Sittlichkeit entgegengesetzt; dies wußten die Alten sowohl der griechischen wie der indischen Welt. Und die Philosophie und Religion beider Völker hat sie zu der Lehre der Entsagung geführt. Diese Lehre ist, der Meinung des Autors nach, unrichtig; richtig dagegen ist folgende: Es existiert ein Gesetz, das der Autor das kosmische Gesetz, nennt, nach welchem alle Wesen untereinander kämpfen und nur das tüchtigste, *„the fittest"*, die andern überlebt.

Diesem Gesetze ist auch der Mensch unterworfen, und nur dank diesem Gesetze hat sich der Mensch als solcher gebildet, wie er jetzt ist. Dieses Gesetz aber ist der Sittlichkeit entgegengesetzt. Wie soll also dieses Gesetz mit der Sittlichkeit ausgesöhnt werden? Auf folgende Weise: Es existiert ein sozialer Fortschritt, der sich bestrebt, den kosmischen Prozeß aufzuhalten und ihm einen andern Prozeß unterzuschieben, und zwar – den ethischen, dessen Zweck das Überleben, nicht des Tüchtigsten, *„the fittest"*, sondern des Besten, *„the best"*, im ethischen Sinne ist. Woher dieser ethische Prozeß kommt, erklärt *Huxley* nicht, sagt jedoch in der neunzehnten Anmerkung, daß die Basis dieses Prozesses darin besteht, daß Menschen sowohl wie Tiere einerseits selbst sich gerne in Gemeinschaft befinden und der Gemeinschaft schädliche Eigenschaften in sich unterdrücken, und andrerseits die Glieder der Gemeinschaft mit Gewalt die dem Wohle der Gemeinschaft entgegenlaufenden Handlungen unterdrücken. Es scheint *Huxley*, daß dieser Prozeß, der die Menschen zwingt, ihre Leidenschaften zu zügeln um der Erhaltung dieser Gemeinschaft willen, deren Glieder sie sind, und die Furcht bestraft zu werden wegen der Verletzung der Ordnungen der

Gemeinschaft, eben dieses ethische Gesetz sei, dessen Existenz er beweisen müsse.

Huxley glaubt offenbar in der Unschuld seiner Seele, daß in der jetzigen englischen Gemeinschaft mit seinem Irland, dem Elend des Volkes, dem sinnlosen Luxus der Reichen, seinem Handel mit Opium und Branntwein, seinen Exekutionen, seinen Schlachten, der Ausrottung der Völker um merkantiler und politischer Vorteile willen, mit seiner versteckten Sittenverderbnis und seiner Scheinheiligkeit, ein Mensch, der die Vorschriften der Polizei nicht überschreitet, ein sittlicher Mensch sei und vom ethischen Gesetze geleitet werde, und vergißt dabei ganz, daß die Eigenschaften, die erforderlich wären, damit jene Gemeinschaft, in welcher er als deren Glied lebt, nicht zerfalle, für die Gemeinschaft von demselben Nutzen sein könnten, wie die Eigenschaften der Glieder einer Räuberbande nützlich sind, wie sogar in unserer Gemeinschaft die Eigenschaften der Henker, der Gefängniswärter, der Richter, der Soldaten, der scheinheiligen Priester u. d. m. nützlich sind, – daß aber diese Eigenschaften nichts mit der Sittlichkeit gemein haben.

Die Sittlichkeit ist etwas sich fortwährend Entwickelndes und Wachsendes; und deshalb wird die Nichtverletzung der festgestellten Ordnungen einer gewissen Gemeinschaft, das Aufrechterhalten derselben vermittelst des Galgens und des Beiles, von denen *Huxley* als von Werkzeugen der Sittlichkeit spricht, nicht nur keine Befestigung der Sittlichkeit, sondern vielmehr eine Verletzung derselben sein. Und umgekehrt: jede Verletzung der bestehenden Ordnungen, wie es nicht nur die Verletzung der Gesetze der Römischen Provinz durch Christus und seine Jünger war, sondern die Verletzung der jetzigen Ordnungen durch den Menschen, der sich von der Teilnahme am Gerichte, vom Militärdienste, von der Zahlung der Steuern, die zu Kriegsvorbereitungen verwendet werden, lossagt, wird nicht nur nicht gegen die Sittlichkeit, sondern im Gegenteil eine notwendige Bedingung von deren Kundgebung sein. Jeder Kannibale, der aufhört, Seinesgleichen zu essen, verletzt die Ordnung seiner Gemeinschaft.

Handlungen, welche die Ordnung jeder Gemeinschaft verletzen, können unsittlich sein; unzweifelhaft aber ist es auch, daß jede wahrhaft sittliche Handlung, welche die Sittlichkeit voranstellt, stets eine Verletzung der Ordnung des Gemeinschaftslebens sein wird. Und deshalb: wenn in der Gemeinschaft auch ein Gesetz entstanden ist, nach welchem die Menschen ihre persönlichen Vorteile zur Erhaltung der Gesamtheit ihrer Gemeinschaft opfern, so ist dieses Gesetz kein ethisches Gesetz, sondern im Gegenteil in den meisten Fällen ein jeder Ethik entgegengesetztes Gesetz; es ist dasselbe Gesetz des Kampfes ums Dasein, nur in verborgenem, latentem Zustande. Es ist derselbe, nur vom Einzelnen aus deren Gesamtheit übertragene Kampf ums Dasein. Es ist nicht eine Einstellung der Schlägerei, sondern ein Ausholen des Armes, um noch stärker dreinzuschlagen.

Wenn das Gesetz des Kampfes ums Dasein und das Überleben des Tüchtigsten, *„the fittest"*, ein ewiges Gesetz alles Lebenden ist (und es kann nicht umhin, als ein solches anerkannt zu werden, wenn der Mensch als Tier betrachtet wird), dann können keinerlei verworrene Betrachtungen über den sozialen Fortschritt und ein angeblich aus demselben hervorgehendes ethisches Gesetz, das als *deus ex machina* wer weiß woher auftaucht, sobald wir seiner bedürfen, dieses Gesetz verletzen.

Wenn der soziale Fortschritt, wie *Huxley* behauptet, die Menschen in Gruppen vereinigt, so wird derselbe Kampf und dasselbe Überleben unter Familien, Geschlechtern und Staaten stattfinden, und dieser Kampf wird nicht nur nicht sittlicher, sondern vielmehr noch grausamer und unsittlicher sein, als der Kampf der Individuen unter einander, wie wir es auch in Wirklichkeit sehen.

Selbst wenn man das Unmögliche zugeben wollte, nämlich daß die ganze Menschheit nach Tausenden von Jahren sich durch den bloßen sozialen Fortschritt in ein Ganzes vereinigen, *ein* Volk und *einen* Staat bilden würde, selbst dann, – abgesehen davon, daß der zwischen den Staaten und zwischen den Völkern aufgehobene Kampf in einen Kampf zwischen der Menschheit und dem Tierreich überginge, – würde der Kampf immer ein

Kampf bleiben, d. h. eine Thätigkeit, welche die Möglichkeit der von uns anerkannten christlichen Moral im Keime ausschließt; denn auch dann wird der Kampf zwischen den, die Gesamtheit bildenden Individuen und zwischen den Gesamtheiten – wie Familien, Geschlechtern, Nationalitäten – sich durchaus nicht verringern, sondern er wird ebenso wie bisher, nur in einer andern Form, vor sich gehen, wie wir es auch an allen Vereinigungen der Menschen in Familien, Geschlechtern und Staaten sehen. Die Familienglieder streiten und kämpfen ebenso untereinander wie die Fremden, und oft noch mehr und bösartiger.

Ebenso ist es im Staate: unter den im Staate lebenden Menschen dauert derselbe Kampf fort, wie unter den außerhalb des Staates lebenden Menschen, nur in anderer Form. Dort tötet man durch Pfeile und Messer und hier durch Hunger. Wenn aber in der Familie, wie im Staate, die Schwachen gerettet werden, so geschieht dies durchaus nicht durch die Staats-Vereinigung, sondern es geschieht, weil die in Familien und in Staaten verehrten Menschen Selbstverleugnung und Liebe besitzen.

Wenn außerhalb der Familie von zwei Kindern nur *„the fittest“* leben bleibt, in der Familie dagegen bei einer guten Mutter beide Kinder am Leben bleiben, so wird dies durchaus nicht infolge der Vereinigung der Menschen in Familien geschehen, sondern weil die Mutter Liebe und Selbstverleugnung besitzt; Selbstverleugnung wie Liebe jedoch können auf keinen Fall aus dem sozialen Fortschritt hervorgehen.

Wenn man behaupten wollte, daß der soziale Fortschritt die Sittlichkeit erzeuge, so wäre dies, als wollte man behaupten, daß die Errichtung der Öfen Wärme erzeuge.

Die Wärme kommt von der Sonne. Die Öfen aber erzeugen die Wärme nur dann, wenn man Holz, d. h. das Produkt der Sonne, in die Ofen legt. Ebenso entsteht die Sittlichkeit aus der Religion. Die sozialen Lebensformen aber erzeugen die Sittlichkeit nur dann, wenn die Folgen der religiösen Einwirkung auf die Menschen, – d. i. die Sittlichkeit, – in jene Lebensformen hineingelegt worden sind.

Die Öfen können geheizt werden und dann Wärme geben

oder nicht geheizt werden und kalt bleiben; ebenso können die sozialen Formen die Moral in sich einschließen und dann moralisch auf die Gemeinschaft einwirken, oder sie können die Moral nicht in sich einschließen und somit ohne jene Wirksamkeit auf die Gemeinschaft bleiben.

Die christliche Sittlichkeit kann nicht auf der heidnischen oder auf der Gemeinschafts-Lebensauffassung begründet sein und kann weder aus der Philosophie noch aus der nicht-christlichen Wissenschaft hergeleitet werden; sie kann nicht nur aus denselben nicht hergeleitet, sondern sie kann sogar nicht mit denselben in Einklang gebracht werden.

In der Weise ist dies auch stets von jeder ernsten, folgerechten und strengen Philosophie und Wissenschaft aufgefaßt worden. „Wenn unsere Grundsätze mit der Sittlichkeit nicht übereinstimmen, umso schlimmer für diese", sagt vollkommen richtig eine solche Philosophie und eine solche Wissenschaft und setzt ihre Forschungen fort.

Ethische Traktate, die nicht auf die Religion basiert sind, und selbst Laien-Katechismen werden geschrieben und gelehrt, und die Menschen können denken, daß die Menschheit sich von ihnen leiten läßt; dieses erscheint jedoch bloß so, weil die Menschen in Wirklichkeit sich nicht von diesen Traktaten und Katechismen leiten lassen, sondern von der Religion, die sie immer besessen haben und besitzen; die Traktate und Katechismen aber richten sich nur nach dem, was aus der Religion von selbst hervorgeht.

Die nicht auf religiöse Lehre gegründeten Vorschriften der weltlichen Moral sind vollkommen dem gleich, was ein Mensch thun würde, der, ohne jede Kenntnis von Musik, sich auf den Platz des Kapellmeisters stellen und vor den, ihre gewohnte Thätigkeit ausübenden Musikern mit den Armen in der Luft herumfechten würde. Durch Inertie und durch das, was die Musiker von den früheren Kapellmeistern gelernt haben, würde die Musik noch eine Zeit lang fortdauern; es ist aber offenbar, daß das Schwenken des Dirigentenstabes von Einem, der keine Musik versteht, nicht nur von keinem Nutzen sein, sondern entschieden mit der Zeit die Musiker verwirren und das Orchester zerstören würde. Eine solche Verwirrung beginnt in den Gedanken der Menschen unserer Zeit vorzugehen, infolge der Versuche der Leiter, den Menschen eine Sittenlehre zu geben, die nicht auf jene höhere Religion begründet ist, welche die christliche Menschheit sich anzueignen beginnt und teilweise sich bereits angeeignet hat.

Es wäre thatsächlich wünschenswert, eine Sittenlehre ohne Beimischung des Aberglaubens zu besitzen; die Sache ist aber die, daß die Sittenlehre nur eine Folge der festgestellten bekannten Beziehung des Menschen zum Weltall oder zu Gott ist. Wenn aber die Feststellung einer solchen Beziehung sich in uns als abergläubisch erscheinenden Formen äußert, so muß man, damit dieses nicht der Fall sei, sich bemühen, diese Beziehung vernünftiger, klarer und genauer auszudrücken oder sogar die ungenügend gewordene frühere Beziehung des Menschen zum Weltall zu vernichten und an deren Stelle eine höhere, klarere und vernünftigere zu setzen, keinenfalls aber eine auf Sophismen oder auf Nichts gegründete, sogenannte weltliche, nicht religiöse Moral zu ersinnen.

Die Versuche, eine Moral mit Umgehung der Religion zu gründen, sind ähnlich dem, was Kinder thun, die eine Pflanze, die ihnen gefällt, zu versetzen wünschen und deren Wurzel, die ihnen nicht gefällt und die ihnen unnütz scheint, abreißen und die Pflanze ohne Wurzel in die Erde stecken.

Ohne religiöse Grundlage kann es keine wahre, echte Moral geben, wie es keine echte Pflanze ohne Wurzel geben kann.

Und somit beantworte ich Ihre beiden Fragen und sage: Die Religion ist eine gewisse, von dem Menschen festgestellte Beziehung seiner besonderen Individualität zum unendlichen Weltall oder zu dessen Urgrund. Die Moral aber ist die, aus dieser Beziehung hervorgehende beständige Richtschnur seines Lebens.

III.
Über das Recht

Briefwechsel mit einem Juristen
(Pis'mo studentu o prave, 1909)

Leo N. Tolstoi

Übersetzt von Dr. Albert Škarvan

Mit einem Vorwort herausgegeben
von Heinrich Schmitt[1]

Vorwort des Herausgebers

Ein jugendlicher Student, ein begeisterter Anhänger der vom Geiste des Evangeliums durchwehten Lehren Leo Tolstois, wird durch die Vorträge eines Rechtslehrers der Universität in seiner Überzeugung erschüttert, dass die sittlichen Ideale der Menschheit allein genügen würden, jedes menschliche Tun zu leiten. Es vertritt nämlich der Universitätsprofessor die Ansicht, dass es nötig wäre, neben diesen idealen Motiven bei der Erziehung der Menschheit noch andere in Kraft treten zu lassen, die um ihrer streng gebietenden Form willen zur normalen und gesunden Entwickelung des Charakters nötig wären. Es liegt der stärkere Nachdruck in der Motivation hier offenbar im Hinweis auf die zwingende öffentliche Gewalt, die bei den Institutionen des Rechts den widerstrebenden Willen unbotmässiger Elemente, die sich den Normen der bestehenden Organisation des öffent-

[1] Textquelle | Leo N. Tolstoi: Ueber das Recht. Briefwechsel mit einem Juristen. Erste vollständige autorisierte Ausgabe. Uebersetzt von Dr. Albert Škarvan. Mit einem Vorwort herausgegeben von Heinrich Schmitt. Heidelberg und Leipzig: Verlag L. M. Waibel und Co. 1910. [IX und 14 Seiten]

lichen Lebens nicht fügen wollen, mit Mitteln physischer Macht zu beugen in der Lage ist.

Eben diese Gewaltmassregeln des Rechts betrachtet aber Leo Tolstoi als etwas, was nicht bloss die allgemeine Sittlichkeit nicht fördert, sondern als selbst unsittlich die Menschen vielmehr demoralisiert. Er führt aus, dass das göttliche Gebot der Menschenliebe in das Herz jedes Menschen geschrieben sei und zu allen Zeiten von allen Weisen aller Völker gepredigt, längst zum Siege gelangt wäre in der Gestalt einer paradiesischen Verfassung der brüderlichen Liebe und freien Vereinbarung, wenn dies nicht durch die arglistigen und verderblichen Anstrengungen der Theologen und Philosophen und Rechtslehrer verhindert worden wäre, die auch heute noch alle Anstrengungen machen, dieses Gesetz vor den Menschen zu verbergen und so die Sittlichkeit der Menschen auf einer niedrigen Stufe zu erhalten.

Daran, dass dies Gesetz der Menschenliebe nicht gepredigt wird, kann es aber wohl schwerlich liegen, denn in salbungsvollen Predigten der Menschenliebe, der Sanftmut wetteifern doch die gläubigen Priester aller Konfessionen mit den ungläubigen Ethikern und materialistischen Monisten und Freidenkern. Grundsätzlich also anerkennen alle diese die erhabenen Grundsätze einer Sittlichkeit, wenn sie auch aus praktischen Gründen das Bestehen einer öffentlichen Gewalt zu entschuldigen, ja zu rechtfertigen suchen. Die Wurzel des Übels muss also offenbar anderswo liegen.

Auf diese Wurzel des Übels hat Tolstoi selbst in einer seiner tiefgedachtesten Schriften hingewiesen, in der Schrift über Religion und Moral. Tolstoi führt da aus, dass all das Moralisieren der ethischen Gesellschaften, an deren Adresse die Schrift direkt gerichtet ist, fruchtlos sei, dass diese Leute Kindern gleichen, die wurzellose schöne Blüten in den Sand stecken, weil die Sittlichkeit nur auf der Grundlage einer entsprechenden Weltanschauung gedeihen könne. In einer anderen Schrift führt Tolstoi aus, dass Handlungen durch Werturteile motiviert sein müssen, Wertungen aber durch Erkenntnisse bestimmt würden. Nur wenn der Mensch den Menschen als unendlich Wertvolles, Ideales, in seinen Grundanlagen Göttliches gelte, werde das Gemüt von Liebe und Ehrfurcht dem Mitmenschen gegenüber erfüllt und werde es ihm unmöglich, demselben mit brutaler, tierischer Gewalt entgegenzutreten.

Dieser Anschauung pflichten wir vollkommen bei, begreifen aber zugleich die ungeheuere Schwierigkeit, die sich der Verwirklichung edler Menschlichkeit entgegenstellt. Sind nämlich Menschen nicht durch dies innere Band der Liebe und Verehrung des Mitmenschen, dessen Lebensgrundlagen in der Selbsterkenntnis als das Herrlichste und Bewunderungswürdigste erscheinen, miteinander verbunden, so werden sie unvermeidlich äussere Bande der Gewalt schmieden, um eine öffentliche Ordnung überhaupt organisieren zu können. Aus diesem Grunde ist auch die praktische Verwirklichung der Ideale Tolstois, die die Ideale der Menschheit sind, in der Gegenwart noch unmöglich.

Die Weltanschauung der Kirchen und Konfessionen, an der die grosse Menge heute noch hängt, schafft dieses innere Band nicht, weil sie den Menschen als höchstes Musterbild eine Gottheit vorführen, die als Ideal schrankenloser Gewaltherrschaft Ruhmsucht und unersättlicher Grausamkeit darstellt, einen himmlischen Gewaltherrn, der ewige Höllenstrafen verhängt; sie zerstört es auch durch Entwürdigung des Menschen, der als bloss endlich selbstisches Wesen, als Wurm sich im Staube krümmt vor dem Herrn. Die derart in ihrem Selbstbewusstsein auf ihre enge Selbstheit eingeengten isolierten, demoralisierten Menschen finden in ihrem Innern keinen Halt, um ihr materielles Wohlsein und wenn nötig ihr Leben für ihre Mitmenschen zu opfern und sich aus freien Stücken dem allgemeinen Wohl zu widmen. Sie werden also, da jeder nur sein Eigentum, seine eng selbstischen Ziele im Auge hat, im Sinne des Prinzipes des Rechts, von herrschenden Klassen und Klikken und Banden, die die öffentliche Gewalt an sich gerissen haben, durch Mittel physischer Vergewaltigung und durch Todesdrohungen zur Botmässigkeit unter eine öffentliche Ordnung gezwungen. Da unter solchen Umständen die Machtmittel dieser Herrschenden die Bürgschaft einer öffentlichen Ordnung bilden, so ist die Förderung der selbstischen Zwecke der Herrschenden zugleich ein Gebot der Selbsterhaltung dieser öffentlichen Ordnung. Auf solchem Wege sucht man die ungeordneten Raubinstinkte der derart demoralisierten Menschen zu bändigen, welche Menschen selbst aber durch die öffentliche Enteignung enterbt, insbesondere des freien Zugangs zum Grund und Boden beraubt worden sind und sich so in der ärgsten Zwangslage befinden. Das ist der fatale Zirkel, in dem sich die Organisation des Rechts bewegt. Aber auch die Lehren der Materialisten, die im Menschen nur eine im Kampf ums Dasein sich balgende, raffinierte Bestie sehen, bietet keinen Halt für sittliche Gesinnung. Solchen Grundlagen der Weltanschauung gegenüber, die unfehlbar zur Demoralisation der grossen Menge führen mussten, mögen auch einzelne edlere Menschen Ausnahmen machen, bleiben die Predigten von Menschenliebe, mit denen all die Priester und Schriftgelehrten nicht sparen, ganz fruchtlos.

Gemeinhin pflegen aber die Menschen sich als solche isolierte körperliche oder seelische Wesen zu fassen, die als solche auch nur einen äusserlichen Gott zu fassen vermögen, vor dem sie sich in den Staub werfen, oder eine äussere Natur, die, wie das Götterbild in Dschaggarnaut[2], alles unter ihrem Räderwerk zermalmt. Es ist sehr schwer, die in das Sinnliche und Bildliche versunkenen Menschen in die Selbsterkenntnis einzuführen, in die Schauung der Fülle der inneren Herrlichkeit des Menschengeistes, wo jeder Mensch ein universelles Leben, eine Welt der Unendlichkeit im eigenen Innern darstellt, die alle Grösse und allen Reichtum der Sinnenwelt überragt als höchste Lebensform, und die ausserdem das All der Intelligenzen im Innern jedes Einzelnen aufstrahlen lässt, jene Einheit aller Geister, die Vernunft und Liebe heisst. Statt dieser Erkenntnis schweben den Menschen, denen man von Gott und Geist spricht, in der Regel nicht diese inneren Schauungen der Vernunft, sondern traditionelle Phantome und Bilder von einem alles beschützenden himmlischen

---

2 [*Dschaggernat* / Juggurnaut – bezieht sich auf einen viele Tonnen schweren Prozessionswagen im Hinduismus, Vorderindien; taucht metaphorisch als ‚Räderwerk' schon bei Karl Marx auf: „Juggernaut-Rad des Kapitals".]

Vater, einem Jemand, einer Person, die man blindgläubig annimmt, vor. Solche geistig unfreie Menschen wird man aber vergeblich versuchen, sozial zu befreien. Es ist daher auch nicht die Arglist und der grundsätzliche Wille von Priestern, Gelehrten und Herrschern, sondern die Macht der Finsternis, die alle unterjocht, die eigentliche Grundursache der Unfreiheit und des Elends der Welt.

Eine Klärung dieser Erkenntnis, der reifsten letzten Frucht menschlicher Geistesentwickelung ist aber nur auf dem Wege wissenschaftlicher Sichvertiefung möglich und ist durchaus nichts einfach Gegebenes und für die Menschen Selbstverständliches. Und auch der Rationalismus Tolstois hat nur Sinn auf der Grundlage wissenschaftlicher Klärung.

Also nicht direkt durch fruchtloses Predigen schöner Moralgrundsätze, sondern nur auf dem indirekten Wege der Erleuchtung durch die Erkenntnis kann die Menschheit von ihren sozialen Fesseln befreit werden in mühevoller kultureller Arbeit.

Es ist ein grosses Zeichen der Zeit, dass mit dem Aufkeimen dieser geklärten edleren Weltanschauung sich auch das bessere feinere Gewissen zu regen beginnt, welches, ohne Rücksicht auf äussere Zweckmässigkeitsgründe, Gewalttaten dem Menschen gegenüber verabscheut und sittlich ächtet. Zur Förderung einer solchen wissenschaftlich-religiösen Weltanschauung sollten sich alle echten Freunde der Menschen vereinigen.

Schmargendorf bei Berlin.
Eugen Heinrich Schmitt.

Hochgeehrter Lew Nikolaiewitsch !

Ihre sittliche Predigt beruht ja ganz und gar auf der Verneinung des Rechts, doch hinderte mich dieser Umstand bis jetzt nicht, ein eifriger Verteidiger der sittlichen Vervollkommnung im Geiste Ihrer Lehre zu sein. Nun hat aber neulich ein Buch des Professors Petrazschitzky „Die Theorie des Rechts" mir eine Frage aufgedrängt, vor der ich in Zweifel stehen blieb und auf die ich keine befriedigende Antwort finden kann. Ohne ihre Lösung aber vermag ich nicht mit den früheren Gefühlen an Ihre Bücher heranzutreten; denn ich werde jetzt jedesmal vom Zweifel erfasst, nicht darüber, ob Ihre Predigt die richtige sei, nein, sondern, ob ich, der ich nun etwas anderes weiss, ein Leben als möglich betrachten kann, welches als einzigen Regulator die sittliche Erkenntnis, die sittlichen Anregungen anerkennt. Ich fasse hier in Kürze alles Wesentliche zusammen, was meinen Zweifel erregt hat.

Professor Petrazschitzky behauptet („Die Theorie der Rechtswissenschaft", I. Bd. Kap. 11 § 7), dass die wesentliche Bedeutung ethischer Erlebnisse und des sittlichen und juridischen Typus im menschlichen Leben darin besteht, dass sie: 1. in der Eigenschaft von Motiven des Betragens wirken (Motivationswirkung ethischer Erlebnisse); 2. gewisse Veränderungen in der Psyche der Individuen selbst hervorrufen (pädagogische, erzieherische Wirkung ethischer Erlebnisse).

In beiden Fällen gehört die vorherrschende Rolle, der standhaftere Einfluss und die festere Wirkung dem Rechte zu, nicht aber der Sittlichkeit, als rein imperativer Ethik. Speziell in der Sphäre pädagogischer Wirkungen erweist sich das Recht als ein wichtiges Mittel bei der Erziehung der Kinder, indem es in ihnen einerseits das Gefühl eigener Würde wie auch die Achtung gegenüber jeder anderen menschlichen Person erweckt; anderseits, indem es ihnen Festigkeit und Zuversichtlichkeit, Energie und

Unternehmungsgeist, diese für das Leben so notwendigen Eigenschaften, verleiht. Alles dies beweist offenbar die Notwendigkeit ihrer Aufnahme zur Leitung wissenschaftlicher Bildung in den Schulen und der Aufstellung entsprechender Theorien.

Zum Schluss der Skizze bezüglich der Frage der motivationserregenden und erzieherischen Bedeutung des Rechts und der Sittlichkeit sagt Professor Petrazschitzky folgendes:

„Die rein moralische, anspruchslose Psychik (oder Behandlungsweise der Seele) ist eine sehr hohe und sehr ideale Psychik, sie erfordert aber zwecks normaler und gesunder Entwickelung des Charakters noch eine andere autorativ gebietende juridische Psychik. Ohne solche Ergänzung, oder, richtiger gesagt, ohne solche imperativ-attributive Grundlage gibt es keine gesunde Ethik, sondern der Boden ist für allerlei, mitunter ekelhafte Ungeheuerlichkeiten geebnet."

„In der Gesellschaft pflegt man sich zum Recht als zu etwas Niedrigerem, im Vergleich mit der Sittlichkeit weniger Schätzbarem, weniger Achtungswürdigen zu verhalten. Und es gibt Lehren, wie zum Beispiel die Lehre L. Tolstois und verschiedene anarchistische Theorien, die sich dem Recht gegenüber direkt ablehnend verhalten. Im Grunde dieser Anschauungen liegt, wie aus dem Obigen erhellt, die Unkenntnis der Natur und der Bedeutung und Wichtigkeit verschiedener Abzweigungen menschlicher Ethik."

Wird nun in so scharfer Formulierung des Problems des Rechts, dieses als wesentlicher Faktor nicht nur des sozialen Lebens, sondern auch individueller menschlicher Entwickelung nachgewiesen, so scheint mir dies der Annahme zu widersprechen, dass es wünschenswert wäre, den sittlichen Idealen der Menschheit eine so ausschliessliche Rolle in der Leitung jedweden menschlichen Tuns einzuräumen.

Wenn ich nun Ihre Schriften lese, so betrachte ich sie unwillkürlich vom Standpunkte des Professors Petrazschitzky, und da beginne ich zu empfinden, dass ich vor einem Abgrunde stehe – , denn wenn ich Professor Petrazschitzky recht gebe, so muss ich alle die Bande zerreissen, die mich an die Lehre Leo Tolstois knüpfen. Anstatt sie den Ungläubigen gegenüber verteidigen zu können, müsste ich anerkennen, dass es vernünftig wäre, sie abzulehnen.

Dies bewog mich, verehrter Leo Nikolajewitsch, zu schreiben, damit Sie meine Zweifel lösen.

Ich mag Sie nicht bitten, mir persönlich zu antworten, doch Sie könnten gelegentlich einige Worte diesbezüglich in der Presse verlautbaren lassen, Sie werden ja so vielemale interviewt. Sie würden damit nicht nur mir, sondern vielen meiner Kollegen, die wir die erhabene Stimme Ihres Gewissens gerne vernehmen, sehr behilflich sein.

Vom Herzen wünsche ich Ihnen gute Gesundheit.

N. N.,
Student an der Universität Petersburg.
den 14. (27.) April 1909.

Ich habe Ihren Brief erhalten und beantworte ihn mit Vergnügen. Das, was Sie aus dem Buch Petrazschitzkys herausschreiben, kam mir einerseits in höchstem Grade belustigend vor, mit seinen imperativen, attributiven, ethischen und noch irgendwelchen anderen „Grunderlebnissen", besonders, als ich mir den Ernst deutlich vorgestellt habe, mit dem all dies von respektablen, oft schon alten Männern vorgetragen wird, und die untertänige Ehrfurcht, mit welcher alles dies aufgenommen und auswendig gelernt wird von tausenden, ganz klugen, für aufgeklärt geltenden jungen Leuten. Aber ausser dieser komischen hat die Sache auch eine sehr ernste Seite, und eben über diese möchte ich meine Meinung aussprechen. Die ernste Seite besteht darin, dass diese ganze sonderbare sogenannte „Rechtswissenschaft" im Grunde genommen der grösste Unsinn ist, erdacht und verbreitet nicht etwa, wie die Franzosen sagen *de gaité de cœur*, sondern zu dem ganz bestimmten und durchaus verabscheuenswerten Zweck: die bösen Handlungen zu rechtfertigen, welche die Menschen der nichtarbeitenden Stände beständig begehen. Die ernste Seite dieser Sache besteht auch noch darin, dass an nichts sonst mit grösserer Klarheit offenbar wird, wie wenig wahre Aufklärung bei den Menschen unserer Zeit verbreitet ist, als an der erstaunlichen Erscheinung, dass die Sammlung solcher verwirrten, unklaren Betrachtungen, ausgedrückt in erkünstelten, bedeutungslosen, lächerlichen Worten, in unserer Welt für „Wissenschaft" gilt und ernstlich vorgetragen wird auf Universitäten und Akademien.

Das Recht! Natürliches Recht, Staatsrecht, Zivilrecht, Kriminalrecht, Kirchenrecht, Kriegsrecht, Völkerrecht, *le droit, pravo, the law.*[3]* Was wird denn mit diesem eigentümlichen Worte

---

3 *Im Englischen wird das Wort Recht, *le droit* mit dem Worte *law* bezeichnet. Die Engländer haben, was ganz begründet ist, zwei künstlich von einander getrennte Begriffe in eins verbunden, denn Recht wird nur das genannt, was das Gesetz bekräftigt. – Bemerkung des Autors.

bezeichnet? Wenn man nicht „wissenschaftlich" raisonniert, d. h. nicht nach attributiv-imperativen Grunderlebnissen, sondern nach dem allgemeinen gesunden Menschenverstand bestimmen will, was in Wirklichkeit unter dem Worte „Recht" zu verstehen sei, so wird die Antwort auf die Frage, was eigentlich Recht sei, überaus einfach sein und klar: in Wirklichkeit wird Recht genannt inbezug auf diejenigen, die die Macht haben, die selbstgegebene Bewilligung, die Menschen, über die sie Macht haben, zu zwingen, das zu tun, was für sie, für die Herrschenden, vorteilhaft ist; inbezug auf die Unterordneten aber wird Recht genannt, die Bewilligung, alles das zu tun, was ihnen nicht untersagt ist. Das Staatsrecht ist das Recht, die Menschen der Produkte ihrer Arbeit zu berauben, sie zu Massenmord zu befehlen, den sie Krieg nennen; für diejenigen aber, denen man die Produkte ihrer Arbeit nimmt und die man in Kriege schickt, ist Recht, diejenigen Produkte ihrer Arbeit zu geniessen, die man ihnen noch nicht wegnahm, und in den Krieg so lange nicht zu gehen, bis man sie nicht schickt. Das Zivilrecht ist bezüglich der Einen das Recht auf den Besitz, von tausenden und hunderttausenden Hektaren Landes und auf den Besitz der Werkzeuge der Arbeit und inbezug auf die, die kein Land und keine Werkzeuge der Arbeit haben, das Recht, ihre Arbeit und ihr Leben, dahinsiechend in Hunger und Not, an diejenigen zu verkaufen, die über Boden und Kapital verfügen. Das Kriminalrecht ist das Recht der Einen, alle diejenigen zu verschicken, einzusperren, zu hängen, die zu verschicken, einzusperren und zu hängen sie für notwendig erachten, inbezug aber auf diejenigen, die verbannt, eingesperrt und gehangen werden, das Recht, so lange nicht ausgewiesen, nicht eingesperrt und nicht gehangen zu werden, so lange diejenigen, die die Macht haben es zu tun, es nicht für notwendig erachten. Dasselbe gilt auch vom Völkerrecht: es ist das Recht Polens, Indiens, Bosniens und der Herzegowina unabhängig von fremder Macht zu leben, jedoch nur so lange, bis die Menschen, die über grosse Massen von Militär verfügen, es nicht anders beschliessen.

Dass es sich so verhält, ist klar für jeden Menschen, der nicht nach attributiv-imperativen Grunderlebnissen urteilt, sondern nach dem allen Menschen gemeinschaftlichem, gesunden Verstand. Für solche Menschen ist es klar, dass das, was das Wort „Recht" in sich birgt, nichts anderes ist, als nur die alleranstössigste Rechtfertigung von Gewalttaten, welche die einen Menschen an den anderen verüben.

„Aber diese Rechte", entgegnen darauf die „Gelehrten", „werden doch durch die Gesetze bestimmt." Jawohl, doch werden diese Gesetze von den nämlichen Menschen ersonnen, ob es nun Kaiser, Könige, Ratgeber der Kaiser und Könige oder Parlamentsmitglieder sind, die ihre Existenz auf Gewalttaten gründen, und deshalb diese Gewalttaten durch die von ihnen verordneten Gesetze sanktionieren. Sie, dieselben Menschen sind es auch, die diese Gesetze vollziehen, und zwar vollziehen sie sie, so lange, als dieselben für sie vorteilhaft sind, sobald aber die Gesetze ihnen nachteilig zu werden beginnen, erfinden sie neue, solche, wie sie nötig haben.

Die ganze Sache ist doch ganz einfach. Es gibt Bedrücker und Bedrückte, und die Bedrücker möchten ihre Gewalt gerechtfertigt wissen. Und so nennen sie ihre Anordnungen bezüglich dessen, wie sie gegebenenfalls und bei einer zeitgemässen Gelegenheit die Menschen zu vergewaltigen gedenken – Gesetze, und die Bewilligung, welche sie sich zur Ausführung ihrer Gewalttaten selbst erteilen, wie auch die Verordnungen für die Bedrückten nur das zu tun, was ihnen nicht verboten wird, nennen sie Recht.

Und tausende und abertausende junger Leute studieren emsig diese Dummheiten – es wäre noch kein Unglück, wenn es nur Dummheiten wären, aber es sind Scheusslichkeiten, auf denen dieser grobe und verderbliche Betrug basiert und viele Millionen einfachen Volkes, die sich mit Vertrauen dazu verhalten, was ihnen die „Gelehrten" einflössen, unterordnen sich ohne Murren dem unnatürlichen oprimierten Leben, das sich infolge dieses von „gelehrten" Männern verkündigten und anerkannten Betruges für sie gestaltet.

Es ist schrecklich, wenn irgend ein persischer Schah, Iwan der

Grausame, Tschingis-Chan, Nero, die Menschen zu Tausenden niedermetzeln, aber es ist immerhin nicht so schrecklich wie das, was die Herren Rechtsgelehrten tun. Diese töten nicht die Menschen, sondern ertöten alles Heilige im Menscheninnern.

Schlecht ist der Aberglaube und teilweise Betrug, der vorliegt, wenn man irgendwelche Heiligenbilder oder Bilder der Mutter Gottes herumträgt, doch steckt in diesem Aberglauben und Betrug eine Spur von Poesie, ausserdem weckt dieser Betrug auch gute Gefühle in den Menschen, aber der Aberglaube und Betrug des Rechts enthält nichts in sich, als die reinste Spitzbüberei: das Bestreben nicht nur vor den Menschen die von allen erkannte sittlich-religiöse Wahrheit zu verbergen, sondern sie auch zu entstellen, und die grausamsten und der Moral am meisten widerstrebenden Handlungen, wie: Plünderungen, Gewaltakte, Mordtaten für Gerechtigkeit auszugeben.

Auffallend dabei ist sowohl die Dreistigkeit als auch die Dummheit und die Verschmähung des gesunden Menschenverstandes, mit der diese Herren Gelehrten völlig gelassen und voll Eigendünkel behaupten, dass derselbe Betrug, der die Menschen mehr als jeder andere demoralisiert, sie sittlich erzieht. So zu sprechen passierte noch, trotzdem es nie ganz richtig war, zu Zeiten, als der Ursprung des Rechts für göttlich galt. Aber jetzt, wo das, was man „Recht“ nennt, in Gesetzen zum Ausdruck gelangt, die entweder von einzelnen Personen oder hadernden Parlamentsparteien ausgeheckt werden, sollte man meinen, es sei schon völlig unmöglich, die Bestimmungen des „Rechts“ für absolut gerecht zu halten und von einer erzieherischen Bedeutung des „Rechts“ zu sprechen. Vor allem aber kann man von einer erzieherischen Bedeutung des „Rechts“ schon deshalb nicht sprechen, weil die Beschlüsse des „Rechts“ durch Gewaltmassregeln, durch Ausweisungen, Gefängnisse, Hinrichtungen, d. h. durch die unsittlichsten Handlungen zu ihrer Vollstreckung gelangen. Heute von einer ethischen, edukativen Bedeutung des „Rechts“ zu sprechen, ist ganz dasselbe, als wollte man (und man tat es auch) von einer sittlichen, erzieherischen Bedeutung der Macht der Sklavenhalter für die Sklaven sprechen. Wir in

Russland beobachten jetzt ganz handgreiflich die erzieherische Bedeutung des „Rechts“. Wir sehen, wie vor unseren Augen das Volk demoralisiert wird infolge der unaufhörlichen verbrecherischen Handlungen, die – wahrscheinlich vom „Recht“ approbiert – die russischen Behörden vollführen. Der demoralisierende Einfluss der Wirksamkeit, die auf dem „Recht“ basiert, ist besonders deutlich jetzt in Russland sichtbar, aber dasselbe ergibt sich und hat sich stets und wird sich immer und überall ergeben, wo eine Anerkennung (und die gibt es überall) der Gesetzmässigkeit von allerlei auf dem „Recht“ basierenden Gewalttaten – den Mord mit inbegriffen – besteht.

Ja, die erzieherische Bedeutung des „Rechts“!

Kaum haben je auf irgend einem anderen Gebiete die Dreistigkeit, Lüge und Dummheit der Menschen sich bis zu solchem Grade gesteigert.

Eine ethische, erzieherische Bedeutung des „Rechts“! Das ist ja grässlich! Die Hauptursache der Unsittlichkeit der Menschen unserer christlichen Welt ist eben in diesem schrecklichen Betrug begründet, welcher „Recht“ heisst, und man wagt noch von einer erzieherischen Bedeutung des „Rechts“ zu sprechen.

Niemand wird doch darüber streiten, dass die allerelementarsten Forderungen der Moral – von Liebe schon gar nicht zu sprechen – darin bestehen, dass man dem anderen nicht tue, was man nicht möchte, dass uns getan werde; Mitleid zu haben mit dem Armen, mit dem Hungernden, Beleidigungen zu verzeihen, die Menschen nicht zu plündern, nicht ausschliesslich für sich anzueignen, worauf auch die anderen das gleiche Recht haben, im allgemeinen nicht das tun, was von jedem unverdorbenen, vernünftigen Menschen als böse erkannt wird. Was aber wird als Muster der Gerechtigkeit und Erfüllung sittlicher Forderungen auf die feierlichste Art von Menschen vollbracht, die sich selbst als Lehrer und Führer der Menschen betrachten? Die Beschützung der Reichtümer der Grossgrundbesitzer, Fabrikanten, Kapitalisten, die ihre Reichtümer durch Besitzergreifungen des Bodens erworben haben, der natürlicherweise gemeinschaftlich sein sollte, oder aber durch Raub an den Arbeitserträgnissen der Arbeiter, die infolge von Wegnahme des Bodens in völlige Abhängigkeit zu den Kapitalisten geraten. Eine derart sorgfältige Beschützung, dass wenn irgend einer dieser, von allen Seiten beraubten, eingeschüchterten, betrogenen, mit betäubenden Getränken zum Trunke verleiteten Menschen irgend einmal sich den millionsten Teil der Gegenstände aneignet, die durch systematischen Raub ihm und seinen Genossen entwendet werden, derselbe „rechtmässig" gerichtet, eingesperrt, ausgewiesen wird.

Es lebt ein Besitzer von tausenden Hektaren Landes, d. h. ein Mensch, der auf das offenbarste gegen alle Gerechtigkeit verstossend, das natürliche Erbgut Vieler usurpiert, besonders derjenigen, die auf diesem Lande leben, d. h. sie offenkundig beraubt hat und unaufhörlich beraubt. Und nun ereignet sich, dass einer dieser beraubten Menschen, einer derjenigen, die nicht lesen und schreiben können, die vom falschen, von Geschlecht zu Geschlecht überkommenen Glauben betört, durch Schnaps, den ihnen die Regierung liefert, betäubt werden, einer, der die elementarsten Lebensbedürfnisse nicht befriedigen kann, dass ein solcher Mensch nachts mit dem Beil in den Wald sich begibt, einen Baum zu fällen, den er unbedingt braucht, sei es zu einem Bau, sei es, um für das eingelöste Geld sich das Notwendigste zu kaufen. Er wird erwischt. Er hat das „Recht" verletzt, das „Recht" des Besitzers von tausend Hektaren Waldes. Die Kenner des „Rechts" richten über ihn und sperren ihn ins Gefängnis, die hungernde Familie ohne ihre einzige Stütze lassend. Und solches geschieht überall, in hunderten und tausenden ähnlichen Fällen, in Städten, Werkstätten, Fabriken.

Man sollte meinen, es könne keine Sittlichkeit geben ohne Gerechtigkeit, Güte, Mitleid, Verzeihung. Hier wird alles dieses mit Füssen getreten im Namen des „Rechts". Und derlei Handlungen, die überall in Tausenden von Fällen verübt werden, aufgrund des „Rechts", sollen die Menschen sittlich erziehen!

Eine erzieherische, ethische Wirkung des „Rechts"!

Es gibt nichts, sogar die Theologie nicht ausgenommen, was

die Menschen so unvermeidlich demoralisieren würde, demoralisieren müsste.

Man muss sich nur wundern, wie, trotz dieser unablässigen und eifrig betriebenen Demoralisation von beiden Seiten, ein wahres Verständnis für Gerechtigkeit im Volk sich noch erhielt, welches bei den nichtarbeitenden Klassen schon völlig verloren ging.

„Wenn gelehrte Herrschaften, die alle göttlichen und menschlichen Gesetze kennen, dabei gar keine Not zu leiden haben, reich sind, dafür halten, man müsse einen armen Teufel, der in der Not, oder sogar aus Dummheit, Trunkenheit, Unwissenheit einen Baum im Walde gefällt hat oder in der Fabrik für zwei Rubel Waren gestohlen hat, ins Gefängnis sperren und ihm nicht verzeihen, sondern das auch noch seiner Familie mit Hungerqualen entgelten, was soll dann ich, der ich nackt und ungeschult bin, tun, wenn man mir das Pferd stiehlt? Den Pferdedieb nicht nur verurteilen, sondern auch erschlagen?" So müssten die Menschen aus dem Volke raisonnieren, doch sie bewahren trotz aller Demoralisierung, der sie seitens des „Rechts" und der Theologie ausgesetzt sind, dennoch die wahren, sittlichen, menschlichen Charakterzüge, von denen bei Menschen, die „Rechte" verordnen und nach ihnen leben, keine Spur zu finden ist.

Kant sagt, „das Geschwätze der hohen Schulen sei oftmals nur ein Einverständnis, durch veränderliche Wortbedeutungen einer schwer zu lösenden Frage auszuweichen." Doch nicht genug daran, dass dieses Geschwätz der Gelehrten den Zweck hat, der Lösung schwieriger Fragen auszuweichen, dieses Geschwätz, und das ist insbesondere beim Geschwätze vom „Recht" der Fall, verfolgt oft noch ein ganz bestimmtes, unsittliches Ziel – das bestehende Übel zu rechtfertigen.

So dass in sittlicher Beziehung, aber auch vom Standpunkt der Vernunft, der Glaube an irgend eine wundertätige Mutter Gottes, oder an die unlängst kanonisierte Jeanne d'Arc immer noch nicht so absurd ist, wie der Glaube an attributive, imperative Grunderlebnisse und ähnliches. Man sollte meinen, dass heutzutage schon die offenbare Ungenauigkeit, die Sophistik der

Begriffe als solcher, die Künstlichkeit nichtexistierender, erfundener Worte zu ihrer Bezeichnung sofort die frischen jungen Köpfe vom Studium solcher Gegenstände abstossen müsse. Aber aus Ihrem Schreiben ersehe ich, dass es auch jetzt so ist, wie es vor sechzig Jahren war. Ich selbst war ja auch Jurist und erinnere mich, wie ich im zweiten Jahrgang Interesse gefasst hatte für die Theorie des Rechts, und nicht bloss der Prüfungen halber sie zu studieren begann, indem ich vermeinte, in ihr die Erklärung dessen zu finden, was mir sonderbar und unklar an die Einrichtung des Menschenlebens erschien. Doch ich erinnere mich, dass je tiefer ich damals in den Sinn der Theorie eindrang, ich umsomehr die Überzeugung gewann, dass entweder etwas nicht ganz in Ordnung ist in dieser Wissenschaft, oder, dass ich nicht fähig sei, sie zu begreifen; einfacher gesagt, ich überzeugte mich allmählich, dass irgend wer von uns beiden sehr dumm sein muss: entweder Newolin, der Verfasser der „Encyklopaedie des Rechts", welche ich studierte, oder ich, der ich nicht fähig war, alle Wahrheit dieser Wissenschaft zu fassen. Ich war damals achtzehn Jahre alt und konnte unmöglich anders denken, als dass ich der Dumme wäre, und habe daraus den Schluss gezogen, dass das Studium der Jurisprudenz meine Verstandsfähigkeiten übersteige, und diese Studien abgebrochen. Jetzt aber, Jahrzehnte hindurch ganz andere Interessen verfolgend, habe ich beinahe vergessen, dass es eine „Rechtswissenschaft" gibt und bildete mir sogar die irrtümliche Vorstellung, dass die meisten Menschen unserer Zeit diesem Betrug bereits entwachsen seien. Aber aus Ihrem Brief ersehe ich leider, dass diese „Wissenschaft" immer noch existiert und ihre verderbliche Wirkung weiter ausübt.

Und deshalb freue ich mich, dass ich jetzt Gelegenheit finde, meine Gedanken über diese „Wissenschaft" auszusprechen, und ich glaube, dass ich nicht allein stehe, sondern gar Viele diese Überzeugung mit mir teilen.

Ich beabsichtige nicht, Professoren verschiedener „Rechtsfächer", die ihr ganzes Leben mit dem Studium und Unterricht dieser Lüge verbracht, Ratschläge zu erteilen, Leuten, die auf diesen Unterricht ihre Position auf Universitäten und Akademien gegründet haben und oft naiv überzeugt sind, dass sie mit ihren Vorträgen über „Motivationshandlungen ethischer Grunderlebnisse“ und ähnliches etwas überaus Wichtiges und Nützliches leisten, ich werde nicht solchen Menschen raten, diese abscheuliche Beschäftigung aufzugeben, wie ich auch Priestern und Bischöfen keine Ratschläge erteile, die ebenso wie diese Herren, ihr ganzes Leben mit der Verbreitung und Erhaltung dessen verbracht haben, was sie für notwendig und nützlich halten. Aber Ihnen, einem jungen Manne, wie auch allen Ihren Kollegen, kann ich es unmöglich unterlassen zu raten, möglichst bald, solange noch Ihre Köpfe nicht ganz verwirrt sind und das sittliche Gefühl noch nicht abgestumpft wurde, diese nicht bloss müssige und verdummende, sondern auch schädliche und demoralisierende Beschäftigung aufzugeben.

Sie schreiben, Herr Petrazschitzky erwähne in seinen Vorlesungen auch das, was er als meine Lehre bezeichnet. Ich habe keine eigene Lehre, auch habe ich niemals eine gehabt. Ich weiss von nichts, was nicht alle Menschen wüssten. Doch weiss ich in Gemeinschaft mit allen Menschen, mit der überwiegenden Mehrzahl der Menschen der ganzen Welt, dass alle Menschen freie, vernünftige Wesen sind, in deren Seele ein höheres, ungemein einfaches, klares und Allen zugängliches Gesetz eingeprägt ist, das nichts gemein hat mit denjenigen Vorschriften der Menschen, die Rechte und Gesetze heissen. Dieses höhere Gesetz besteht darin, den Nächsten zu lieben, wie sich selbst, und deshalb anderen nichts zufügen, was man für sich nicht wünscht. Dieses Gesetz ist dem menschlichen Herzen so nahe, so vernünftig, seine Erfüllung so zweifellos heilbringend für jeden einzelnen Menschen, ebenso wie auch für die gesamte Menschheit, und war so ganz im gleichen Sinne verkündet worden durch alle Weisen der Welt, von den Lehren der indischen Veden, Buddha, Konfuzius, Christus bis Rousseau, Kant und den späteren Denkern, dass, wenn es die arglistigen und verderblichen Anstrengungen nicht gegeben hätte, welche die Theologen und Rechtsgelehrten gemacht haben und jetzt noch machen, um dieses Gesetz vor den Menschen zu verbergen, dieses längst schon von der überwiegenden Mehrzahl der Menschen ins Leben eingeführt wäre, und die Sittlichkeit der Menschen unserer Zeit nicht auf der niedrigen Stufe stünde, auf der sie jetzt steht.

Das also sind die Gedanken, die Ihr Brief in mir geweckt hat und die zum Ausdruck zu bringen, ich gerne die Gelegenheit ergreife.

Ich möchte diesen Brief veröffentlicht wissen. Wenn Sie es erlauben, werde ich ihn samt Ihrem Brief publizieren.

Leo Tolstoi.

Jassnaja-Poljana, den 27. November 1909.

IV.
Über die Wissenschaft

(O nauke, 1909)

Leo N. Tolstoi

Einzige vollständige autorisierte Ausgabe
Übersetzt von Dr. Albert Škarvan

Samt brieflicher Diskussion mit Tolstoi herausgegeben
von Dr. Eugen Heinrich Schmitt[1]

Vorwort

Der Freund Tolstoi's Dr. Albert Skarvan sandte mir die neueste Arbeit Tolstoi's über die Wissenschaft. Ich fand hier einen grossen Gedanken und eine furchtbare Anklage, die, mit der tiefsten Berechtigung, Tolstoi den modernen Gelehrten entgegenschleuderte, doch in einer Form, die andererseits wieder in den Einzelheiten (der grosse Weise mag mir den harten Ausdruck verzeihen) geradezu dilettantisch gegen die Wissenschaft verstiess. Ich wünschte daher, dass die Schrift in der gegebenen Form überhaupt nicht erscheine und teilte meine Bedenken Dr. Skarvan mit, der sie wieder Tolstoi mitteilte. Es entspann sich daraus eine Korrespondenz, die eigentlich zwischen mir und Tolstoi stattfand. Da Tolstoi auf seinem Standpunkte beharrte, planten wir im Einverständnis mit ihm eine Ausgabe der Schrift samt dem Briefwechsel an, der allgemeines Interesse hat.

---

[1] Textquelle | | Leo N. Tolstoi: Über die Wissenschaft. Einzige vollständige autorisierte Ausgabe. Übersetzt von Dr. Albert Škarvan. Samt brieflicher Diskussion mit Tolstoi herausgegeben von Dr. Eugen Heinrich Schmitt. Heidelberg und Leipzig: Verlag L. M. Waibel & Co. 1910. [XXIV und 37 Seiten.]

Meine Tendenz mit der vorliegenden Ausgabe ist, bei aller Abweisung der Irrtümer, die Tolstoi in Detailfragen begeht, doch die erhabene Wahrheit und die grosse Tiefe des Grundgedankens Tolstoi's klarzulegen. Und dann die tiefe Berechtigung der vernichtenden Anklage, die Tolstoi gegen unser modernes Gelehrtenwesen formuliert. Ich wollte mit einer Einleitung und den Erörterungen in der Korrespondenz nicht gegen das wirklich Grosse und Bedeutungsvolle, das in der Lehre Tolstoi's über die Wissenschaft vorlag, zu Felde ziehen, sondern ich wollte verhindern, dass die geläufige seichte „Kritik" unserer Tage über die grossen Gedanken des grossen Mannes, die sie nicht zu verstehen und zu würdigen fähig ist, mit überlegenem Lächeln zur Tagesordnung übergehe, weil sich dieser grosse Mann in Detailfragen der Wissenschaft augenscheinliche Blössen gibt. Diese erschienen mir aber, trotzdem dass harte Verstösse vorlagen, dem grossen Grundgedanken gegenüber, doch so unwesentlich, dass ich, um das Schicksal, das so mancher Tolstoi'schen Arbeit zuteil wurde, zu vermeiden, die Hauptsache ins volle Licht zu stellen unternahm, um so allein der welthistorischen Bedeutung des Grundgedankens gerecht zu werden.

Ich glaubte daher die Einteilung am besten in der Weise zu machen, dass ich, um die Grundideen klarzustellen, mit der Einleitung begann und dann die Schrift selbst und den Briefwechsel über dieselbe folgen liess, den ich mit einem kurzen Schlusswort versah.

Die Schrift schien mir verloren für ihren Zweck der Aufklärung des grossen Publikums ohne solche Einleitung, trotz des grossen Grundgedankens. Möge es mir gelingen, edlere Menschen, denn auf diese kommt es heute vor allem an, zur Würdigung desselben hinzuleiten!

Schmargendorf bei Berlin, im Februar 1910.
Dr. Eugen Heinrich Schmitt.

Leo Tolstoi erhebt gegen die moderne Wissenschaft die grosse Anklage, dass sie nicht bloss der Menschheit nichts nutze, sondern in ihrer ganzen gegenwärtigen Fassung, sowie in der Anwendung der einzelnen Disziplinen vielmehr für die grosse Masse unserer Mitmenschen die Besiegelung ihrer Knechtschaft, die Sanktion ihres materiellen und sittlichen Elends bedeute. Und er folgert daraus, dass diese Wissenschaft auch keine echte und wahre Wissenschaft sein könne, sondern vielmehr eine grosse Täuschung sei, die in der Maske der Wissenschaft erscheine, da die Wahrheit nur heilvoll, erleuchtend und befreiend wirken kann. Und merkwürdig und für den modernen Menschen paradox genug, schmiedet Tolstoi eben daraus, was diese Wissenschaft als besonderes Merkmal ihrer Echtheit in den Vordergrund stellt, aus dem Umstand, dass sie bloss mit bestehenden Tatsachen rechne, seine Hauptanklage. Er fordert, dass die Wissenschaft sich in erster Linie und im Wesentlichen mit dem Seinsollenden, mit der Bestimmung des Menschen beschäftige und alles sonstige Wissen diesem Gesichtspunkte unterordne.

Aber das wäre ja bloss praktische Lebensweisheit, wendet man hier ein, und die Abwendung von der Theorie, etwa ein Ausspinnen utopistischer Lebenspläne aufgrund eines wohlgemeinten Moralisierens, die nicht bloss infolge der gegenwärtig bestehenden Verhältnisse, sondern aufgrund der menschlichen Natur überhaupt undurchführbar sind? Diese „menschliche Natur" glaubt die moderne Wissenschaft nun durch ihre Feststellung der bestehenden Tatsachen in richtiger und gründlicher Weise zu erforschen. Vornehmlich diese Fassung betrachtet nun Tolstoi als tief unberechtigt und falsch, da hier das nicht bloss unentwickelte, sondern obendrein noch entartete Menschenwesen zum Massstab der menschlichen Natur gemacht werde und die Gesetze dieser Verkümmerung, Unentwickeltheit und Entartung zu ewigen Gesetzen proklamiert werden. Die viel tiefer gegründeten, eigentlich wesentlichen Kennzeichen der wahren, ursprünglichen Natur des Menschen findet er aber in den ungleich feineren und höheren Regungen, die sich in jedem Menschenwesen eben in dem idealen Drang, in den sittlichen Forderungen, in jener höchsten Lebensgrundlage offenbaren, die den lebendigen Keim der Zukunft in zarten und daher auch der herrschenden Gemeinheit der Gesinnung meistens unfassbaren und unzugänglichen Formen in sich birgt, indes man heute die leider tatsächlich herrschende Roheit der Grunddenkweise zum allgemeinen und dauernden Massstab der Menschennatur machen will. Wie falsch es ist, in Leo Tolstoi nur jenen seichten Moralisten zu sehen, als welchen ihn unsere Modernen beurteilen, wäre schon genug deutlich aus seiner Schrift über Religion und Moral [→III] zu ersehen gewesen, in welcher er eine religiöse Weltanschauung als Grundlage der Sittlichkeit fordert. Es soll sich aber hier noch näher zeigen, wie tief theoretisch eigentlich die Lehre Tolstoi's ist und wie praktisch im ganz gemeinen Sinn eigentlich diese angeblich rein theoretische Feststellung von Tatsachen im Sinne der Modernen ist.

Vor allem, und dies springt hier besonders in die Augen, was bedeutet denn eigentlich diese Feststellung der blossen Tatsachen, der historischen und der bestehenden, am Gebiet der Soziologie? Ganz einfach die Forderung, dass diese Tatsachen den ausschliesslichen Massstab für die wissenschaftliche Beurteilung des Menschenwesens abgeben sollen und aus ihnen die unveränderlichen Gesetze der menschlichen Natur festgestellt werden sollten. Dass es nicht bloss gerechtfertigt war und ist, dass die Menschen so lebten, wie sie seither und heute leben, sondern dass die aus solchen Tatsachen festgestellten Normen auch die dauernden Normen des Menschenlebens für die Zukunft bilden müssen, als die allein „wissenschaftlich" legitimierten. Wenn bisher zweifellos die Bestie im Menschen die herrschende Rolle spielte, so folgt aus diesem ihrem Tatsachenrepertoir, dass nur ihre Herrschaft sich wissenschaftlich rechtfertigen lasse auch für die Zukunft; dass die Tatsachen, die die Willkür menschlicher Herrschsucht, Habsucht, Genusssucht schuf, das dauernde, allein wissenschaftlich begründete Gesetz menschlichen Lebens bilden. Willkürlich schuf man jene Tatsachen und doch notwendig. Nämlich aufgrund einer Weltanschauung, die den Menschen entwürdigt, ihn zum bloss materiellen, tierischen Wesen macht, dem dann nur solche Handlungen natürlich sind, die man heute im Leben der Gesellschaft und des Staates legitimiert. Man schmiedet mit einem gewissen satanischen Raffinement in der Gestalt der herrschenden sensualistisch-materialistischen Weltanschauung Ketten der Seele, um die in ihrem Innersten entwürdigten Menschen womöglich für alle Zukunft, mit dieser geradezu patenten „wissenschaftlichen" Methode auch der materiellen Sklaverei zu überantworten. Diese zu erhalten, ist das sehr praktische Ziel unserer Akademien, Universitäten und ihrer staatlich bezahlten Sophisten.

Was sein soll, den Beruf des Menschen, das Wichtigste kennt man nicht, sucht man nicht zu erkennen, nur was ist und nach dem Wollen jener Leute in allem Wesentlichen eben immer sein soll. Das sagt man aber nicht offen. Es soll ja so vieles verbessert werden! Wir huldigen ja alle dem Fortschritt, aber immer fein auf der wissenschaftlich ausschliesslich patentierten faulen, halbtierischen Grundlage des Lebens und Denkens. Wie die Priester es stets machten, so machen es auch die materialistischen Ethiker; sie bestreuen das Arsenik ihrer entsittlichenden Grunddenkweise und Weltanschauung reichlich mit dem Zucker der Moral. All das Moralisieren dieser Ethiker, Agnostiker, Materialisten ist aber notwendig Lüge und Phrase, Weil dem fundamental tierischen Wesen, als welches sie den Menschen betrachten, der im Kampfe ums Dasein sich als raffiniertere Sorte von Bestien balgt, naturgemäss eben dieses halbtierische Leben zukommt, welches die Menschen heute führen und Theorie und Praxis hier in einer sehr tiefbegründeten Harmonie stehen.

Was sein soll! Ein Seinsollendes bedeutet ein ideales Ziel. Ein solches hat aber nur Sinn aufgrund einer idealen Existenzgrundlage höherer Lebensformen des Menschen. Wenn der Mensch in den Tiefen seiner Lebensgrundlagen, die ihn eben zum Menschen machen, in der Tat nur das materielle und tierische Wesen wäre, als welches ihn diese Wissenschaft betrachtet, dann hätte allerdings nur ein tierisches Leben auch für alle Zukunft Sinn, und wäre es das Törichteste, eine Wandlung der herrschenden bestialischen Zustände des menschlichen Lebens zu erhoffen. Nicht ein blosses künstliches Staubgefüge und eine raffinierte Bestie, sondern nur ein in seinen Grundlagen ideal angelegtes Wesen, nur ein universell angelegtes Wesen hat eine Bestimmung, – die Bestimmung in seinem Bewusstsein, im Selbstbewusstsein und Selbsterkennen das Herrliche und unermessliche Reiche und Unendliche zu entfalten, was es in seiner höheren, eigentlich menschlichen Grundanlage *ist*. Es hat dies Wesen die Bestimmung zu *sich*, zu seinem seligen Lichte zu erwachen, und da dieses Licht ein untrennbares ist in Allen, zu demselben auch seine Mitmenschen zu erwecken und auf der Grundlage dieses Erwachens dann ein dieser heiligen Schönheit und Würde, die in jedem Menschen sich birgt, entsprechendes Leben zu führen. Und dann ebenso notwendig, als die herrschende unselige Verdunkelung dieses Lichts auch ein unseliges, elendes, tierisches Leben zur Folge hat. Man spricht heute so viel von Liebe und fordert die Menschen dazu auf, sich gegenseitig zu lieben, und fordert damit von dem modernen Menschen, der sich und seinen Mitmenschen als blosses verfeinertes Tier betrachtet, eine Unmöglichkeit. Die ideale Empfindung der Liebe können wir keinem noch so künstlich gefügten Klumpen von Kot widmen, und das Erbärmliche, das ein solches Wesen ist, kann man höchstens bemitleiden. Das Mass der Liebe aber ist die Vollkommenheit des geliebten Wesens und Liebe kann man nur einem Wesen zollen, das gottgleich im Lichte der Unendlichkeit und der Ewigkeit strahlt.

So sind denn die Tatsachen, auf deren Erforschung die moderne Wissenschaft, auch auf allen sonstigen Gebieten, alles beschränken möchte, die niedrigsten, die physischen und zuhöchst die tierischen Sphären des Lebens auch beim Menschen. Das Ideal dieser modernen Wissenschaft, wenn man das so nennen darf, ist, den Menschen ganz auf das Tier zu reduzieren. Man erforscht das Sinnenleben der äusseren Natur und das Spiel der psychologischen Vorstellungen und Bilder, die wir mit dem Tiere gemein haben. Gedanken kommen nur als leere Schematismen in Betracht und sofern sie im Dienste eines bloss sinnlichen Erkennens stehen. So auch im Sinne der heute in Deutschland herrschenden „idealistischen" Schule des Philosophen Kant. All das Höchste und Herrlichste unseres Geisteslebens hat keinen selbständigen Wert und Gehalt für diese ganz im Sinnlichen versunkene Theorie der Modernen.

Die Bestimmung, das heisst die ideale Grundanlage des Menschen, soll nach Tolstoi das vornehmste Ziel, das höchste, alles beherrschende Thema der echten Wissenschaft sein. Sie ist nach Tolstoi das allein Wissenswürdige und alles sonstige Wissen höchstens Mittel zu ihrem Zweck. Das Seinsollende, welches den Vertretern unserer Wissenschaft als das Unwirkliche, Illusorische gilt, als das, was nicht ist, soll als Sinn des Lebens und Wissens alles beherrschen. Das ist, näher betrachtet, die Revolution, die Tolstoi proklamiert. Haben wir erst dieses höchste, dies Ziel alles Lebens und Strebens erfasst, so haben wir auch alles Tiefere in seiner wesentlichen Bedeutung begriffen, als Unterlage und Energiequelle und Gegenstand der Anregung für diese höhere Grundlage, diese universelle, die uns zu Menschen macht, denn dieses Höchste muss das Reichste sein und alles Tiefere, Sinnliche in sich fassen, um so allein in Lebenseinheit mit demselben treten zu können und seine Formen des Erkennens in sich darzustellen. Auf die ideale Grundanlage im Menschen, die sich in jedem Menschen birgt, hat daher die Wissenschaft ihr Hauptaugenmerk zu richten, um Ziel und Ursprung und Sinn aller Dinge zu begreifen. Das soll das grosse Studium, die Erkenntnis selbst sein, der sich alles unterzuordnen hat. Wie sehr ich recht habe, Tolstoi so zu erklären, erhellt aus den Zitaten, die auf den Wunsch Tolstoi's aus dem Datum vom 9. Juli aus seinem Werk *„Für alle Tage"* (Dresden bei Reissner) dieser Schrift angefügt wurden. Ich verweise hier besonders auf die tiefe und schöne Stelle aus Krischna (7). Aber das ist nur dem edleren Gefühl zweifellos, nicht aber der Erkenntnis der meisten Menschen ohne weiteres durchsichtig klar, wie Tolstoi meint.

Dieses Seinsollende ist nun nicht etwa einfach ein Nichtexistierendes, selbst in jenen Menschen nicht, die es als solches ansehen und das aktuell in mächtiger Intensität hervortretende Sinnliche und Tierische als das allein Wirkliche betrachten. Es ist dies Schauen und Erleben des Universellen, Unendlichen, über alle Grösse der Natur Hinausragenden die allergewisseste Lebenstatsache unseres Innern, jene Tatsache und Wirklichkeit, die sich allerdings nicht in einer physischen Welt ausser uns, sondern in uns, in unserem eigensten Leben darstellt und uns erst zu Menschen macht. Dieses Seinsollende ist allerdings bei den meisten Menschen nicht aktualisiert, da es bei diesen nur ein schwaches, energieloses Licht darstellt, das nur hervortritt, um in den Dienst der intensiven, herrschenden, sinnlichen und tierischen Lebensregungen zu treten. Der Verstand erschliesst uns in der Form von alldurchleuchtenden Gedanken, ewigen Gesetzen, die über allen Sternen leuchten, das All der Natur. Aber er stellt die Naturwissenschaft heute in den Dienst gemeinsinnlicher Triebe der Herrschsucht, Habsucht und Genusssucht, weil der heutige Mensch nur die tierische und sinnliche Seite seines Lebens ins Auge fasst und deren Tatsachen und aufgrund einer Weltanschauung, der die Besinnung auf das eigentlich Menschliche fehlt, sein Leben gestaltet. Es benutzt so der Mensch seinen Verstand, sein Wissen nur dazu, um in der modernen Technik, ihrem Maschinenwesen und Kommunikationswesen, der Menschheit die furchtbarsten Fesseln zu schmieden, „um tierischer als jedes Tier zu sein.“ (Goethe.)

Die Wahrheit – sie ist in der Tat die ideale Grundanlage und das ideale Ziel, die Bestimmung des Menschen und nicht der sehr positiv elende aktuelle Zustand des Menschen und der Dinge. Die Wahrheit ist die heilige Quelle, aus der alles Leben, selbst das der niedrigsten Formen, hervorquoll, und der Ozean, in dem alles Leben der Tiefe mündet, wenn in der grossen Entropie der physischen Welt und in der Verflüchtigung aller ihrer Materien und Strahlungen „Himmel und Erde vergehen,“ Atome und Gestirne der physischen Welt sich, wie der grosse Naturforscher Le Bon zeigt, aufgelöst haben im Urquell und Sinn aller Dinge.*[2] Doch auch ganz abgesehen von all den grossen Errungenschaften der modernen Physik, genügt es, das Hauptaugenmerk auf unsere geistige Innenwelt zu richten und deren Entwicklung im Einzelnen und in der Geschichte. Diese Erkenntnis ist jedoch wissenschaftlich vermittelt.

Diese Wahrheit, die Wahrheit des Menschen zu verschleiern und illusorisch zu machen, alles auf sinnliche Existenzen und tierische Triebe zu reduzieren ist die Tendenz unserer Gelehrten, der Philosophen und philosophierenden Naturforscher. Gegen diese Wahrheit, gegen die Wahrheit versperrt sich die moderne staatlich-ämtliche Wissenschaft. Sie versperrt sich aber, weil man ganz richtig fühlt, dass diese Wahrheit etwas Umwälzendes ist und die herrschende Gemeinheit, Nichtidealität, Niedrigkeit des Denkens und Lebens in ihrem Fundamente bedroht; dass dies scheinbar so Illusorische, Nichtige, doch der auflösende Aether, die zersetzende Atmosphäre alles Bestehenden, der lebendige Keim einer besseren Welt ist, – dass sie das Leben ist, das sich dem herrschenden Tod, den man zur Grundlage alles Lebens machen möchte, entgegenstellt.

Erscheint der Materialismus und positivistische Sensualismus schon den Errungenschaften der modernen Physik gegenüber vollkommen haltlos,*[3] so bleibt doch der Haupttrumpf, sozusagen der Clou der modernsten Wissenschaft, der Agnostizismus. Es ist das ein System, das für alle Fälle von Hypothesen die Korruption der Anhänger der modernen Wissenschaft, insbesondere ihre Hörigkeit den mammonistischen Machthabern und dem von ihnen beherrschten Staat gegenüber sichern soll. Dies sehr bemerkenswerte, eminent praktische Verhältnis einer Lehre, die scheinbar blosse Theorie sein will, verdient hier ganz besonders ins volle Licht gestellt zu werden.

---

[2] *Vergl. Gust. Le Bon, Évolution de la matière und Évolution des forces. Ersteres auch deutsch im Verlag von Joh, Ambr. Barth erschienen.

[3] *Vergl die Schrift des Herausgebers: „Die positiv wissenschaftliche Weltanschauung der Zukunft" (Heft 1 der Flugschriften des Bundes der Gnostiker). Verlag M. Hoffmann, Charlottenburg bei Berlin, Suarezstrasse 15.

Einmal war das „Absolute“ eine beliebte Kategorie der Universitäten, als man nämlich die Lehre Hegels dazu missbrauchte, um den staatlichen Absolutismus spekulativ zu rechtfertigen. Heute hat man in der Proklamierung des Relativen ein ungleich besseres Mittel, um Geistesknechtschaft und Charakterlosigkeit zu züchten. Was nämlich absolut, das heisst zweifellos gewiss besteht, die Vernunft und ihre Gesetze, sucht dieser Relativismus der Agnostiker zu erschüttern. Es wird das folgerichtig schon dadurch notwendig, dass man unser menschliches Denken und Erkennen als Resultat unseres leiblichen Organismus behauptet, denn dieser kann doch nur eine endliche, ganz spezielle Zusammenstellung sein. Das führt nun dahin, anzunehmen, dass anders organisierte Wesen, etwa auf andern Gestirnen auch andere Vernunftgesetze, eine andere Logik und Mathematik haben könnten. Da man ferner auch die Sittlichkeit mit der wechselnden Volkssitte (mit der die Helden und Märtyrer des Ethos zu allen Zeiten im Kampfe lagen) verwechselt, so gibt es weder am Gebiet der Theorie noch auf dem der Praxis etwas Zweifelloses, Gewisses. Und das ist ein sehr praktischer Grundsatz. Haben wir nämlich überhaupt keine feste, zweifellose Wahrheit in der Wissenschaft mehr, so werden wie [sic (wir)] von allen den Theorien diejenigen annehmen, die uns praktischen Nutzen versprechen, die sich lohnen, die uns Einkünfte, Ansehen und Karriere sichern. Man wird, da schliesslich alles unsicher, alles relativ ist, sich denjenigen „Wahrheiten“ zuneigen, deren Verkündigung am besten bezahlt wird. So ist denn dieser Agnostizismus, angesichts des immer lebhafter sich regenden Gewissens des modernen Menschen das beste Beruhigungsmittel und Opium, das Mittel, welches uns am besten befähigt, unser Gewissen den Mächtigen der Gesellschaft und des Staates skrupellos zu verpachten. So kommt man denn unter dem schützenden Deckmantel dieses Agnostizismus in der Praxis dahin, nur solche Lehren zu vertreten, die, wenn man sie näher untersucht, zur Entwürdigung und Verknechtung der Menschen auf dem Weg der Verdunkelung des Geistigen führen, wie die materialistischen, monistischen, positivistischen und evolutionistischen*[4] Lehren oder die idealistischen Kant'schen (des Kant, der den alten Gott mit dem Gott der hundert Taler dethronisierte). Theoretische Gesinnungslosigkeit ist die beste Grundlage praktischer Charakterlosigkeit.

Nur darum, weil man sich im Vorhinein das Dogma zurechtmachte, dass das Menschenwesen ein bloss endliches, leibliches (oder auch phantomartiges Seelisches) sein könne, weil man die Tatsache des Erlebens des Unendlichen, das Schauen der Vernunft, in dies Endlich-Sinnliche umdeutet und umfälscht, erscheint dann die Behauptung dieses in der Tatsache des inneren Erlebens positiv gegebenen Unendlichen als des wahren und wirklichen Wesens des Menschen mystisch. Unter der Voraussetzung jener groben Fälschung und Lüge der modernen Wissenschaft wird diese Tatsache freilich unbegreiflich. Mit solchen Umdichtungen und Fälschungen des offenbaren Tatbestandes unserer geistigen Innerlichkeit beschäftigen sich die Sophisten des Staates, deren Aufgabe es ist, das offenbare Geisteslicht zu verschleiern und zu verbergen vor der Jugend, dieselbe mit allerlei künstlichen Begriffsverdrehungen zu verwirren und im Dunkel zu lassen. So kindisch sind diese Leute allerdings nicht, dass sie diese inneren Tatsachen direkt ableugnen. O nein! Sie anerkennen sie scheinbar und wollen sie ableiten und gehen dann doch daran, sie in ihren Systemen umzudeuten und umzudichten in endlich sinnliche Formen und in leere inhaltlose, wesenlose Erkenntnisformen und Schemen. Oder wo hätte je ein moderner Universitätslehrer in klarer, schlichter Form seine Hörer darüber aufgeklärt, dass das Menschenwesen in Wahrheit ein über aller Grösse der Natur, über allen Schranken des Raumes und der Zeit leuchtendes göttliches Leben ist? Dem Menschen zu seiner göttlichen Würde zu erwecken, dazu stellen wahrlich die

---

[4] *Nicht eine Abstammungslehre, die den Menschenleib aus Tierformen hervorgehen lässt, soll hier bestritten werden, aber die Ansicht, dass die höhere kosmische und überkosmische Grundanlage des Menschen sich aus dem Tierischen und nicht bloss an demselben, Energieen entnehmend, entwickelte, der Pflanze gleich, die aus dem Boden Säfte und Kräfte saugt. Das Gehirn ist bloss Resonanzboden höherer Strahlungen.

Gewaltigen des Mammons, die eigentlichen Herren des Staates, ihre Professoren nicht an! –

Der Agnostizismus unseres Zeitalters ist nicht harmlose, bescheidene sokratische Weisheit, sondern verschlagene, sophistisch politische Klugheit, die gestattet, im Dunkeln zu munkeln und im Trüben zu fischen. Wir lassen die Frage, wie weit der Einzelne in gutem Glauben irren mag, offen. Das ändert aber nichts an der im allgemeinen notwendig demoralisierenden Wirkung einer solchen Grunddenkweise. Jener Pilatus, der mit überlegenem Lächeln fragt: „Was ist die Wahrheit?" ist der Typus nicht einer theoretischen Einsicht, sondern einer sehr feinen, ja gerissenen Politik und das rechte Symbol unseres bis ins Mark antichristlichen Zeitalters; einst das Symbol des weltunterjochenden Rom, heute des weltunterjochenden Mammonismus. Es ist dies die grosse Lüge gegenüber der offenbaren Wahrheit des Ersten Erkennenden, des echten Erfüllers der sokratischen Forderung, der da sagte: „ich bin die Wahrheit" und so im Selbsterkennen die Geheimnisse des Menschen, des Alls und der Gottheit sich offenbaren sah. Es sind denn auch in Wahrheit die staatlich privilegierten Anstalten, die Universitäten, die Hauptvertreter des Agnostizismus und Kantischen Skeptizismus eigentlich und wesentlich p o l i t i s c h e Anstalten. Wie tief diese Selbsterkenntnis bei den ämtlichen Vertretern der Wissenschaft Wurzel gefasst, wie sehr ihnen der reine, keusche wissenschaftliche Geist abhanden gekommen ist, wie sehr sie sich als das fühlen, wozu sie in der Tat geworden sind, als Politiker, das zeigt ihr Haschen nach bureaukratisch byzantinischen Titeln. Sie haben jeden Sinn dafür verloren, wie unwürdig es eines ernsten Mannes der Wissenschaft ist, zu prätendieren, dass seine Mitmenschen ihn ins Gesicht einen „exzellenten", das heisst vortrefflichen Menschen nennen. Einen recht verständigen Sinn haben dergleichen Titel allerdings für den Politiker, der die Aufgabe hat zu herrschen und der sehr gut tut, Titel zu führen, die dem Pöbel aller Klassen der Gesellschaft imponieren.

Die richtige Erkenntnis der Verderbtheit in der Grunddenkweise der Gelehrsamkeit der Gegenwart hat aber Tolstoi in der vorliegenden Schrift dahin geführt, das Kind mit dem Bad auszugiessen und alle gelehrte, streng wissenschaftliche Tätigkeit überhaupt zu verwerfen. Er geht hier von der irrtümlichen Ansicht aus, dass eine autoritätsfreie, rationalistische, „durchsichtig" klare Erkenntnis des Geistes und der Gottheit dem naiven Menschen unmittelbar gegeben sein könne. Diesen Irrtum berichtigt der angefügte Briefwechsel. – Wie demoralisiert die „öffentliche Meinung" unserer Intelligenz heute schon ist, wie weit man es unter dem Patronat Mammons am Gebiet der Wissenschaft und Literatur gebracht, davon spricht sehr beredt die Geschichte der Erfolge und Misserfolge Tolstoi's. Den grössten Erfolg hat Tolstoi mit seinem schlechtesten Buch, der „Kreutzersonate", errungen, in welchem die Ehe mit der Libertinage gleichgestellt und die edelsten Produkte der Musik als blosses Mittel groben Sinnenkitzels betrachtet werden. Als er dann wirklich Grosses und Edles schuf und die erhabene Weltanschauung der Evangelien dem Kirchenwesen und der verdorbenen Gelehrsamkeit gegenüber in ihrer Reinheit verkündete, wandte sich natürlich derselbe Bildungspöbel von ihm ab, der ihn früher so sehr goutierte. Es ist überhaupt heute ein grosser literarischer Erfolg etwas Bedenkliches, und hat man sich stets die Frage zu stellen, ob nicht irgend eine grosse Gemeinheit oder Niederträchtigkeit begangen wurde, die den Beifall unserer Intelligenz und Presse errang.

Sehr lehrreich ist in dieser Hinsicht aber auch der Lebensgang des Herausgebers dieser Schrift, und füge ich eine Skizze desselben hier an, weil Tolstoi mir irrtümlich den Vorwurf macht, dass ich mit meiner Verteidigung der gelehrten Wissenschaft meine „Stellung" als Gelehrter zu verteidigen suche. Ich habe seinerzeit mit der freiwilligen Niederlegung meines Staatsamtes und dem Verzicht auf jede Position und Karriere, mit jenem Schritt, mit dem ich meine ganze Existenz auf's Spiel setzte, vielmehr eben Tolstoi's Programm in zwei wesentlichen Punkten im Leben nach besten Kräften durchzuführen versucht. Es war seinerzeit meine wenig bedeutsame philosophische Arbeit über Hegel, die infolge einer Preisausschreibung der Philosophischen Gesellschaft zu Berlin die öffentliche Aufmerksamkeit erregte. Für mich aber war die Philosophie nur eine Vorstufe zur wirklich wissenschaftlichen Erkenntnis, die nicht mehr auf hypothetischer Grundlage, sondern aus den Tatsachen des geistigen Innenlebens und in dessen Lebensgestalten feststellen sollte, was das Geistige und Göttliche ist. Ich machte schliesslich die Entdeckung, dass die fundamental verschiedenen Lebensformen der physisch-sinnlichen, der phantomartig-organischen, der ästhetischen, logischen und sittlich-religiösen Sphären sich in ähnlicher Weise verhielten, wie die Dimensionen der Geometrie und die höheren Formen nur dadurch, dass sie die den tieferen verwandten Formen als Grundelemente und verschwindend feine Grenzbestimmungen in der höheren Einheit in sich enthielten, in Lebenseinheit mit diesen treten und als deren Erkenntnisformen zur Geltung kommen könnten. Es resultiert so eine Wissenschaft, die in einer an den Tatsachen des inneren Erlebens kontrollierbaren Weise die höchsten und die tiefsten Formen des Lebens in Einem Lichte des Erkennens verbindet, die die unendliche und göttliche Natur des Menschen nachweist und die nur eine in den logischen und sittlichen Grundtatsachen unseres Innenlebens gegebene Gottheit kennt, die nicht mehr geglaubt zu werden braucht. Eine solche Erkenntnis (griechisch Gnosis), wie ich sie in meinen Werken „Gnosis“ und „Kritik der Philosophie“ entwarf,*[5] passte nun allerdings nicht in die Rechnung unserer politischen Agnostiker. Man konnte die Lehre nicht widerlegen und lehnte nun auf die bequemste Art ab; man verlegte sich, insbesondere die Gelehrtenkaste, auf das Totschweigen dieser Werke,*[6] und nur Einzelne, die ausser dem Kreis der Fachgelehr-

---

5 *„Die Gnosis“ erschien im Verlag von E. Diederichs in Jena; die „Kritik der Philosophie“ im Verlag von Fritz Eckhardt in Leipzig. Bei E. Diederichs auch meine Schriften über Tolstoi und Nietzsche. Mein Werk über höhere Lebensformen bereite ich vor.

6 *Als ernste Besprechung des Gegenstandes kann das feuilletonistisch seichte Gerede, das Herr von Samson Himmelstierna [*Hermann von Samson-Himmelstjerna,* 1826-1908] gegen meine Tolstoi-Schrift vorbringt, nicht gelten, der in seinem „Antitolstoi“ ein „beständig Wirkendes“ kennt, bei dem keine Vorstellung von etwas Variablen zulässig ist und ein Integral ohne Differential und mich

samkeit standen, fühlten, dass eine ganz neue Welt der Gedanken hier in Frage käme.

Ich unternahm ferner, anstatt die Karriere eines Universitätsprofessors, die mir ein Minister in Aussicht stellte, anzutreten, ganz im Sinne Tolstoi's vielmehr unter das Volk zu treten, um ihm die Botschaft vom inneren Himmelreich, von der ungläubigen Religion, von der göttlichen Würde des Menschen, von dem Licht der Welten im Geiste, und von der Lehre der unendlichen Milde und Gewaltlosigkeit im Sinne des Bergpredigers zu verkünden, die nur eine Konsequenz der Ehrfurcht ist, die der Mensch dem göttlichen Wesen des Menschen zollt. Und in der Tat, die Arbeiter, die einfachen Bauern verstanden mich und jubelten mir zu. Ich hatte aber noch die Rechnung mit zwei Mächten zu machen, mit der Staatsgewalt einerseits und der sozialdemokratischen Demagogie andererseits.

So wohlwollend man mich von Staatswegen und in den Journalen begrüsste, als man in mir noch einen hoffnungsvollen Staatssophisten sah, so enttäuscht, ja feindlich wandte man sich von mir ab, als ich mit den tiefsten Gedanken vor die Oeffentlichkeit und gar mit den edelsten Grundsätzen vor das Volk trat. Man schwankte nunmehr bloss, ob man in meiner Person mit einem staatsgefährlichen Verbrecher oder einem gemeingefährlichen Wahnsinnigen zu tun habe. Denn was konnte es Unsin-

---

so des Missbrauchs des Begriffs des Differentials anklagt. Ebensowenig der Aufsatz, den Herr Dr. R. Strecker im „Blaubuch" brachte, der, ohne von dem Grundgedanken der Gnosis eine Ahnung zu haben, mir verschiedenen Widersinn, dessen direktes Gegenteil in meiner „Gnosis" zu lesen ist, zuschreibt und die Lehre mit okkultistisch-theosophischer Gaukelei und Träumerei verwirrt. Die Redaktion des „Blaubuch" weigerte sich, eine sachliche Richtigstellung der groben Entstellung zu bringen. – Oder schliesslich gar die verständnislosen Schmähungen eines Dr. Bazardjian (in seinem „Ibsentheater"), dem jede auf das eigentlich geistige gerichtete Aufmerksamkeit fehlt und der doch nicht einmal weiss, dass es sinnliche Gefühle neben geistigen und gefühlsmässiges Geistiges neben dem Intellektuellen gebe (S. 181); der mich des Widerspruchs beschuldigt, weil ich von dem zur Selbsterkenntnis Erwachten etwas anderes aussage, als vom unerleuchteten Modernen (S. 199, in meiner Ibsenschrift S. 146) u. dgl. m. Dieser eifrige Anhänger Schopenhauers verwirrt meine Ideen zur Aesthetik mit Schopenhauer'schen – eigentlich Schelling'schen – Gedanken!

nigeres und Gemeingefährlicheres geben, als in dieser von Mordwaffen starrenden „christlichen" Welt die Grundsätze der erhabenen Milde des Bergpredigers zu verkünden?

Mit dem Staat hatte ich die leichtere Arbeit, und stellte einige interessante historische Experimente an. Ich druckte Teile aus den Werken der Kirchenväter Augustin und Chrysostomus und auch einen Brief Friedrichs des Grossen, ohne die Verfasser zu nennen, ab und – der Staatsanwalt inkriminierte diese Arbeiten sogleich. Ich erlangte eine Reihe von Pressprozessen, die dartaten, dass wir in unserem liberalen Europa weniger Gedankenfreiheit geniessen, als man einst im verknechteten Byzanz genoss. Hier wäre ich also nach meiner Freisprechung, die ich nur der Autorität der grossen Namen verdankte, Sieger geblieben. Anders aber verhielt es sich mit der Demagogie. Hier forderten mich die Führer auf, mich vor allem zu dem alleinseligmachenden Materialismus zu bekennen. Und als ich das nicht tat, suchte man mich mit den skrupellosesten Verleumdungen, als Menschen, der im Einverständnis mit der Regierung handle, beim Volk zu diskreditieren. Müde des Kampfes zog ich mich zurück, um meine ganzen Kräfte der wissenschaftlichen Ausarbeitung der Grundlagen der Erkenntnis zu widmen und als Privatlehrer in einem Kreis von Freunden den Samen einer besseren Zukunft zu säen.*[7]

---

[7] *Vergl. meinen Artikel „Leo Tolstoi als Gegner der modernen Wissenschaft" im Aprilheft d. J. der „Dokumente des Fortschritts", Berlin.

L. N. Tolstoi's neueste Schrift über die Wissenschaft

(O nauke, 1909)

Unlängst richtete ein russischer Bauer einen Brief an Tolstoi, worin er seinem Zweifel über den Wert der Bildung Ausdruck verleiht und zugleich an ihn die Frage richtete, ob Bildung nicht verderblich wirke und was eigentlich Bildung sei? Nun erschien Tolstoi's Antwort auf diesen Brief, eine Antwort, die zu einer ausgedehnten Abhandlung über die Wissenschaft im allgemeinen angewachsen ist. Der greise Denker beginnt sein ausführliches Traktat, dessen Inhalt wir hier in Kürze wiedergeben wollen, wie auch sein bäuerlicher Korrespondent in seinem Briefe tut, mit der Schilderung eines konkreten Beispiels:

„Am Tage nach dem Empfang Ihres Schreibens habe ich den Abend mit einer Dame verbracht, mit dem für eine Dame sonderbaren Namen: Akulina Tarassowna. Diese Dame hat zarte, weisse, schön gepflegte Hände, mit Ringen besetzt, ist massvoll nach der Mode gekleidet und hat das angenehme Aeussere einer ermüdeten, freundlichen, klugen, ‚gebildeten' Frau mit liberalen Anschauungen. Diese Dame war ein bäuerliches, verlassenes Waisenkind. Die Gutsherrin wurde zufällig eben dieser Waise gegenüber von Mitleid geleid [sic] gerührt, nahm sie zu sich und brachte ihr ‚Bildung' bei. Und nun ist sie aus einer Akulka, welche die Mutter an den Haarsträhnen zauste, weil sie, ein Teufelsmädchen, die Kälber in das Haferfeld entwischen liess, und aus der späteren Akulina, die von Prochow Jeostignejev gefreit, von ihm im trunkenen Zustande fast zu Tode geprügelt wurde, und ferner aus Akulina, der Witwe, die mit fünf Kindern auf dem Hals, mit dem Bettelsack herumging und, versauert, mit ihren Tränen und Klagen allen widerwärtig geworden und die dann zur Akulina Tarassowna*[8] geworden, die, obzwar sie einen Sohn erzogen und zu einem Menschen gemacht hatte, trotzdem verhungert beim Schwager ihr Leben fristen und allerlei Kränkungen vom Bruder der Schwiegertochter erdulden musste, morgens und abends die Kazansche Mutter Gottes, die Himmelskönigin anflehend, dass sie sie zu sich nehme; aus der Tarassowna, die nicht nur sich selbst, sondern auch allen denen, die sie ernähren, zur Last fiele, statt dieser Tarassowna ist sie nun zu einer liebenswürdigen, klugen Direktorin geworden, die mit weissen Händen Karten verteilt, mit einem alten Freund geistreich über die persischen Angelegenheiten witzelt, und den Tee mit Zitrone dem mit Sahne vorzieht und auf die Frage: ob sie Himbeeren wünsche? antwortet: ‚Meinetwegen, aber nur ganz wenig, denn mein liebenswürdiger Doktor gestattet sie mir nicht; doch sie schmecken so gut. Ganz ein klein wenig, bitte!'

Der Abstand zwischen dieser und jener anderen Akulina ist wie der des Himmels von der Erde. Und weshalb? Deshalb, weil Akulina eine ‚Bildung' bekam.

Ihre Wohltäterin hatte die Mittel richtig gewählt, die nötig waren, um ihrem Zögling das zu verleihen, was sie für ein unbestreitbares Glück hielt: sie gab der Akulina Bildung. Und die Bildung hat es mit sich gebracht, dass aus der Akulina eine Dame wurde, d. h., dass sie aus einer Bäuerin, zu der alle ‚Du' sagen, sich in eine Frau verwandelte, die von allen per ‚Sie' angesprochen wird und die selbst ‚Du' sagt zu allen, die sie ernähren, in Gemeinschaft mit allen jenen, mit denen sie nun auf gleichem Fusse steht, d. h., dass sie aus dem Stande der Unterordneten und Bedrückten in den Stand der Herrschenden und Bedrücker überging."

„Seit einigen Jahren schon", erzählt Tolstoi weiter, „vergeht kein Tag, dass ich nicht zwei bis vier Briefe bekäme mit der Bitte, ich möchte auf die eine oder andere Art ihm oder ihr helfen, ihre Bildung zu vollenden, oder wie sie so schreiben, das seit ihrer Kindheit sie verzehrende Verlangen nach Aufklärung zu stillen,

---

[8] *Die Witwe, die einen Sohn verheiratet, wird nämlich bei der Ansprache mit der Beifügung des Vaternamens beehrt.

d. h., mit Hilfe eines Diploms ihnen dazu verhelfen, aus der Lage unvermeidlich schwer sich mühender Menschen in die Lage meiner Dame zu übergehen. Das Sonderbarste aber dabei ist, – ich möchte sagen: das Lächerliche, wenn es nicht so traurig und hässlich wäre, dass alle diese Leute, Jünglinge, Mädchen, Mütter, stets alle ihr Verlangen nach Bildung damit begründen, dass ihnen dadurch ermöglicht werde, dem Volke zu dienen, ihr Leben dem Dienste unseres unglücklichen Volkes zu widmen."

„Es ist gerade so, als würde einer aus der Zahl der Menschen, die mit gemeinschaftlichen Kräften einen schweren Balken tragen, seinen Platz verlassen und sich hinaufsetzen, während die anderen ihn tragen, seine Handlungsweise damit begründend, dass er es tue, weil er den Trägern zu helfen wünsche."

So lange die Bildung dazu führe, meint weiter Tolstoi, die Last der Menschheit nur noch schwerer zu machen, so lange die Gebildeten dem armen Arbeitsvolk auf dem Nacken sitzen, die Lage der Bedrückten nur noch unerträglicher gestaltend, ist die Bildung keine echte Bildung und ist auch das Bestreben der Leute aus dem Arbeiterstande nach Bildung nicht nur kein lobenswertes, sondern in den meisten Fällen ein tadelnswertes, unschönes Streben.

Um dieses zu begründen, führt der Autor aus, was eigentlich Wissenschaft sei, wobei er dann weniger von der Bildung, als von der Wissenschaft spricht, weil, wie er sagt, die Bildung bloss die Aneignung jener Kenntnisse sei, welche von der Wissenschaft anerkannt sind, wobei er einen scharfen Unterschied macht zwischen dem wahren und dem falschen Wissen. Auf die Frage seines Korrespondenten, ob die Wissenschaft nachteilig wirke, antwortet Tolstoi, es gebe nichts auf der Welt, was notwendiger und heilsamer wäre, als die wahre, die echte Wissenschaft, aber zugleich auch nichts Verderblicheres, als jenes müssige Zeug, das von müssigen Leuten unserer Welt Wissenschaft genannt werde.

Notwendig sei nur die wahre Wissenschaft, diejenige Wissenschaft, welche das Leben der Menschen glücklicher und besser gestaltet, die der Gesamtheit zum Nutzen gereicht. Man müsse wissen, was man zu tun habe, um die kurze Lebensfrist, die uns gegeben ward, möglichst gut zu benützen. Um aber dieses zu wissen, müsse man vor allem wissen, was wirklich vorteilhaft und wirklich gut, sowie auch, was wirklich verderblich und böse sei. Darin allein bestehe die wahre, die echte Wissenschaft. Die wahre Wissenschaft müsse uns die Kunst des glückseligen Lebens lehren, müsse vor allem lehren, was die besten und weisesten Männer aller Zeiten zum Heil aller Menschen verkündet haben. Solche Lebenslehrer habe es immer, bei allen Völkern gegeben: in Indien waren es Krischna und Buddha, in China Konfucius und Laotse, in Griechenland und Rom Sokrates, Epiktet, Marcus Aurelius, in Arabien Mohammed. Solche Menschen gab es auch im Mittelalter, gebe es auch in der Neuzeit, nicht nur in der christlichen, sondern auch in der buddhistischen, brahmanischen, mohammedanischen Welt.

Diese Wissenschaft umfasse in ihrer vollen Ausdehnung sehr viele und sehr verschiedene Seiten des menschlichen Lebens, könne sehr ausgedehnt und in ihrer vielseitigen Anwendung sehr verwickelt sein, doch sei ihre Hauptgrundlage einfach und jedermann zugänglich. Es ist das auch natürlich, denn es wäre unmöglich, dass das allernotwendigste Wissen nur denjenigen zugänglich wäre, die Mittel und Musse zu langjährigen Studien haben. Denn die ganze Wissenschaft bestehe ihrem Wesen nach, wie Christus es gesagt hatte, darin, Gott zu lieben über alles, und den Nächsten wie sich selbst.

Nicht so aber sei die Pseudowissenschaft beschaffen, jener Wissenskram, der heutzutage in der christlichen Welt für Wissenschaft gilt. Heutzutage gelte für Wissenschaft, wie sonderbar das auch klingt, die Kenntnis alles dessen, was es nur auf der Welt gibt, mit der einzigen Ausnahme dessen, was jedermann wirklich zu wissen braucht, um glücklich zu leben. Die sogenannten „Männer der Wissenschaft“ von heutzutage befassen sich mit allem, erforschen und untersuchen alles, und es gebe heutzutage so viele dieser „Wissenschaften“, dass sie kaum jemand auch nur ihren Namen nach aufzuzählen vermag. Ihre Zahl ist endlos und wächst von Tag zu Tag immer weiter an. Und alle diese „Wissenschaften“ werden für gleich wichtig und notwendig erachtet, auch gebe es keinerlei Anweisung, um zu erkennen, welche von ihnen wichtiger, welche weniger wichtig sei, ja es werden eben diejenigen Wissenschaften als die wichtigsten betrachtet, die die geringste oder absolut gar keine Anwendung im Leben haben. Es werde alles mit der gleichen Sorgfältigkeit und mit demselben Ernste erforscht: das Totalgewicht der Sonne, die Bahnen der Sterne, wo die verschiedenen Arten der Käfer zu finden seien, wie sie sich vermehren, was aus ihnen werden kann, alle Pflanzen, und Tiere, und Fische, und Vögel, mit wem irgend ein König gekämpft hatte und mit wem er vermählt war, wer und wann jemand Verse und Lieder gedichtet hatte, wozu Gefängnisse und Galgen dienen und womit sie zu ersetzen seien, die Zusammensetzung verschiedener Metalle und Mineralien, wie verschiedene Dünste abgekühlt werden sollen, wie elektrische Motoren, Aeroplane, Unterseeboote gebaut werden müssen usw. usw. ins Endlose. Denn jede vernünftige Sache habe ihren Anfang und ihr Ende, aber Lappalien und unnützes Zeug seien endlos, besonders wenn dergleichen von Menschen betrieben wird, die von der Arbeit anderer erhalten werden und deshalb vor Langeweile nicht wissen, was sie tun sollten, als sich zu amüsieren.

„Ich weiss,“ sagt Tolstoi, „dass diese meine Worte denjenigen, die an die Wissenschaft glauben – und solche an die Wissenschaft Glaubenden gibt es jetzt bedeutend mehr, als es Kirchengläubige gibt, und es wagt doch niemand, diesen Glauben als das zu bezeichnen, was er in Wirklichkeit ist: als simplen und rohen Aberglauben – meine Worte derartig lästerlich finden werden, dass sie dieselben gar nicht beachten werden, gar nicht empört darüber werden, sondern dass sie bloss den senilen Schwachsinn bedauern werden, der aus solchem Urteil erhellt. Ich weiss, dass dieses mein Urteil so aufgenommen wird, trotzdem aber will ich meine Meinung über das, was heute Wissenschaft heisst, rückhaltlos aussprechen und mich bemühen, zu erklären, warum ich so denke, wie ich denke.“

Dann folgt die Kritik der verschiedenen Wissenschaften, zuerst der Naturwissenschaften, zu denen der Autor die Biologie in ihrem weitesten Sinne, dann die Astronomie, Mathematik und die theoretische, nicht angewandte Physik, Chemie und andere Wissenschaften rechnet. Diese Wissenschaften, sagt der Autor, könnten nicht im strengen Sinne des Wortes für Wissenschaften gelten, erstens deshalb, weil sie nicht der Hauptforderung der wahren Wissenschaft entsprechen: sie zeigen nicht, was die Menschen tun und lassen müssen, um ein rechtes Leben zu führen; zweitens aber, weil sie, mit Ausnahme der Mathematik, auch die Wissensgier der Forscher nicht befriedigen, indem alle diese Wissenschaften ihre Forschungen auf der falschen Grundlage aufbauen, die Welt sei wirklich so, wie sie der Mensch mit seinen äusseren Sinnen wahrnimmt, was ja vollkommen willkürlich und falsch sei. Total falsch sei diese Grundlage schon deshalb, weil ein jedes Wesen, das mit anderen Sinnen versehen ist als der Mensch, z. B. der Krebs, dieselbe Welt ganz anders sieht. Und so können auch alle Schlussfolgerungen, die sich auf diese falsche Grundlage stützen, nämlich auf die äusseren Sinne eines der vielen untereinander verschiedenen Wesen, in diesem Fall des Menschen, nichts Reelles enthalten und nicht den ernsten Wissensdrang befriedigen. Wenn wir aber auch zugeben, dass die Welt so ist, wie sie dem Menschen erscheint, können dennoch alle diese Erscheinungen dem Menschen sich nicht anders präsentieren, als in unendlicher Zeit und im unendlichen Raum. Und deshalb können die Ursachen ebenso, wie auch die Wirkungen jeder Erscheinung, wie auch das Verhältnis jedes Gegenstandes zu den ihn umgebenden Gegenständen niemals wirklich erfasst werden. Die Ursachen jeder Erscheinung, wie auch ihre Folgen verlieren sich ja in der endlosen Vergangenheit und Zukunft der Zeit. Ebenso könne auch das Verhältnis der Gegenstände unter einander nicht präzis bestimmt werden, denn wir können uns die Gegenstände nicht anders denken, denn als Stoff im Raum, stoffliche Gegenstände sind aber nicht anders denkbar, als in Bezug zu unendlich grossen und unendlich kleinen Gegenständen. Wo ist unter solchen Umständen das Ende jedes Ursprungs? Wo soll ich halt machen, wenn ich doch weiss, dass die Zeit weder nach vorne noch nach hinten ein Ende hat? frägt der Autor. Das Studium der Naturwissenschaften kann zwar interessant und amüsant sein, aber eine Bedeutung für den ernst denkenden Menschen haben sie nicht.

Die zweite Kategorie der Wissenschaften, die angewandten Wissenschaften wie angewandte Physik, Chemie, Mechanik, Technologie, Agronomie, Medizin und verschiedene andere Kenntnisse, welche lehren, wie man mit den Naturkräften kämpfen soll und wie die menschliche Arbeit zu erleichtern sei, könnten noch eher als die ersten für echte Wissenschaften gelten, denn das Wesen und der Zweck der echten Wissenschaft ist immer im Streben nach dem Heil der Menschen gegeben; doch können alle diese Wissenschaften, wie dies auch tatsächlich der Fall ist, für die Menschen ebenso schädlich sein, wie ihnen nützen. Jetzt bei der kapitalistischen Gesellschaftsordnung dienen die Errungenschaften der Physik, Chemie, Mechanik u. a. hauptsächlich dazu, um die Macht der Reichen und die Knechtschaft der Armen zu befestigen, die Schrecken und Gräulichkeiten der Kriege zu vermehren.

Die dritte Kategorie der Wissenschaften, die zur Rechtfertigung und Festigung der herrschenden Ordnung dienen, entspricht nicht nur nicht der Hauptforderung der echten Wissenschaft: der Förderung des allgemeinen Heils, sondern diese Wissenschaften verfolgen den gerade entgegengesetzten Zweck: die Mehrzahl der Menschen im Zustande der Knechtschaft zu erhalten. Solche „Wissenschaften" sind vor allem die theologischen, dann die Philosophie im Sinne von Hegel, Marx, Haeckel, Nietzsche und ähnlicher; dann die Jurisprudenz mit allen ihren Propedeutiken [sic], Kriminalistiken, internationalen und finanziellen Rechtstheorien; dann die historischen Wissenschaften mit ihrem Patriotismus und der Darstellung von allerlei Verbrechen als grosser Heldentaten.

Als Hauptursache der Übel der jetzigen Menschheit bezeichnet Tolstoi die Teilung der Menschen in Herrschende und Unterordnete, in Herren und Knechte, und eine der Hauptursachen, die diese Separierung verschulde, sei eben die Pseudowissenschaft, denn sie gebe den Herrschenden die Mittel zur Unterdrückung und mache es den Unterdrückten unmöglich, sich von ihrer Knechtschaft zu befreien. Und die Herrschenden wissen das und deshalb fördern sie die ihnen erwünschte sogenannte Wissenschaft, Gewalt und Verlockungen anwendend, entstellen aber und ersticken, so weit sie es nur vermögen, die wahre Wissenschaft, damit diese ihre ungesetzliche, verbrecherische Lebensführung nicht bloss stelle.

„Würden Räuber oder Diebe sich eine Wissenschaft zusammenstellen", sagt Tolstoi, „so könnte diese ihre Wissenschaft nichts anderes sein, als eine Sammlung der Kenntnisse, wie man auf die bequemste Art Menschen berauben und bestehlen könne, welche Werkzeuge dazu nötig seien und wie das Gestohlene auf die angenehmste Weise zu gebrauchen sei. Genau so verhält es sich auch mit den Wissenschaften unserer herrschenden Kreise."

Nur bei der bestehenden Absonderung der Menschen in zwei Kasten, in die Kaste der Herren und in die Kaste der Knechte, haben die heutigen Errungenschaften der angewandten Wissenschaften einen Bestand. Sobald die Menschen ein gemeinschaftliches Leben führen, wäre es nicht denkbar, dass sie sich um Lustgärten, Automobile, Statuen, fünfzehn Stock hohe Häuser, Rennpferde, Aeroplane, Unterseebote und ähnliches kümmern; sie würden ganz anderes benötigen, um ganz andere Sachen würden sie Sorge tragen. Jeder würde trachten, sich klar zu machen, was er zu tun habe, damit es keine Hungernden gebe, damit niemand die Benützung des Bodens, auf dem er geboren ist, entzogen werde, dass es keine Frauen gebe, die ihren Körper der Schändung preisgeben, dass es keine Versuchungen des Alkohols, Opiums, des Tabaks gebe, dass die Völker keinen Hass gegen einander schüren, dass es keine Kriege, keine Guillotinen und Galgen gebe, keinen Religionsbetrug und vieles andere. Ausserdem würden sich Menschen, die sich mit der wahren Wissenschaft befassen, kümmern, ihre Kinder richtig zu erziehen, gerecht und glücklich in Gemeinschaft zu leben, sich richtig zu ernähren, den Boden gut zu bebauen und um sonst noch viele, sehr viele andere der wichtigsten Fragen.

Doch die Menschen der herrschenden Klassen wissen es nur zu gut, dass sie nur so lange bestehen, so lange ihre Afterwissenschaft herrscht und die wahre Wissenschaft verborgen bleibt. Tritt das Gegenteil ein, so geht ihr Reich unter, und zwar deshalb, weil sie dann keine Helfershelfer mehr unter dem Volke finden: keine Polizisten, Beamten, Gefängniswächter und vor allem keine Soldaten, um das Volk unter ihrem Joch zu erhalten.

Sobald das Volk die wahre Wissenschaft kennen würde, würden die Herrschenden ohnmächtig sein, denn die Männer aus dem Volke würden sich nicht hergeben, ihnen behilflich zu sein.

Deshalb seien die Herrschenden so besorgt, mit allen möglichen Mitteln dem Volke die falsche Wissenschaft einzuflössen und die wahre vor ihm zu verhehlen.

Der Betrug sei evident, und die Menschen dürften sich nicht hergeben, ihn zu erhalten: sollten ihre Kinder nicht in die demoralisierenden Schulen schicken, welche die höheren Klassen für sie errichten. Die Afterwissenschaft würde dann von selbst stürzen und die wahre Wissenschaft würde unter solchen Umständen von selbst zum Sieg gelangen.

Solche wahre Wissenschaft, mag sie auch durch die Bestrebungen der herrschenden Klassen noch so sehr erstickt werden, bekunde sich dennoch in unserer Welt sowohl in verschiedenen sittlich-religiösen Strömungen, die von der Afterwissenschaft nicht anerkannt und Sektierei genannt werde, wie auch, wenn auch unvollkommen und verunstaltet in den Lehren des Kommunismus, Sozialismus, Anarchismus und vor allem in den persönlichen, mündlichen Belehrungen der Menschen unter einander. Nur an die Wissenschaft, die mittelst Gewalt und Belohnungen eingeführt wird, sollten die Menschen nicht glauben, sollten nur jene freie Wissenschaft pflegen, die nur das lehrt, was jedermann zu tun hat, um sein Leben so zu führen, wie das Gott von ihm fordert, der in seinem Herzen wohnt, und die Absonderung der Menschen in höhere, herrschende und niedrigere, unterordnete, wie auch der grösste Teil aller Übel, von denen sie jetzt leiden, würde von selbst verschwinden.

Solche Wissenschaft habe es stets gegeben und gebe es auch heutzutage, sie werde nicht der Diplome halber gepflegt, sondern bloss um den Brüdern zu helfen, und man könne sie sich immer und überall aneignen, ohne Geld, ohne Gymnasium und Universitäten, aus den Belehrungen guter und weiser Männer früherer und auch jetziger Zeiten.

Das ist in aller Kürze gefasst das Urteil Tolstois über das wahre und falsche Wissen und die Schäden, die das letztere resultiert, wie auch die Art und Weise, wie man sich von ihm befreien könne.

———

Brief des Herausgebers an Dr. A. Skarvan

Liebwerter Freund!

Ich halte die vorliegende Arbeit Tolstois über die Wissenschaft in der gegebenen Form für derart verunglückt, dass ich in diesem Umstand eine Hauptschwierigkeit ihres Erfolges sehe. Berechtigt sind die Ausfälle gegen die Detailkrämerei und philosophierende Hypothesenmacherei von Naturforschern. Berechtigt auch seine Kritik der Philosophie, sofern sie gegen deren Wissenschaftlichkeit im Allgemeinen und die Grundtendenzen einzelner Philosophen gerichtet ist, obschon er der geschichtlichen Mission und Bedeutung der Philosophie als Vorbereitung einer eigentlichen Geisteswissenschaft nicht gerecht wird und einseitig nur die Schattenseiten hervorkehrt. Berechtigt ohnehin die Verurteilung einer Geschichtsschreibung, die schlechten, politischen Tendenzen dienstbar, Unwesentliches hervorhebt und das Wesentliche nicht beachtet. Zutreffend wird auch eine in nichtsnutzigen und arroganten Förmlichkeiten verlorene Bildung der „feinen" Welt gegeisselt. Im Übrigen aber enthält diese Arbeit Tolstois viel Dilettantisches und direkt Falsches.

Falsch ist der Vorwurf, den Tolstoi den Männern der Naturwissenschaft macht, dass sie meinen, die Welt sei wirklich so beschaffen, wie sie sich den Sinnen der Menschen biete. Das trifft inbezug auf die Einzelheiten. ebensowenig zu, wie inbezug auf die Annahmen über die allgemeine Grundlage der Natur. Es glaubt z. B. kein Naturforscher, dass sich die Sonne um die Erde bewege, wie der Sinnenschein zeigt. Alle die feinen Schwingungen, die Moleküle und Atome, die man der Sinnenwelt zugrunde legt, sind mit der sinnlichen Wahrnehmung nicht gegeben. – Tolstoi sieht ferner nur eine im Zufälligen und chaotisch Endlosen, Unbestimmten verlorene Verkettung der Erscheinungen; er ignoriert dagegen das Gesetzmässige, begriffmässig Bestimmte, den Kreislauf der Entwicklung. Ihm ist der Sinn der Worte Schillers nicht klar geworden.

„Aber im stillen Gemach entwirft bedeutende Zirkel
Sinnend der Weise …
Sucht das vertraute Gesetz in des Zufalls grausenden
 Wundern,
Sucht den ruhenden Pol in der Erscheinungen Flucht.“

In hohem Masse unberechtigt ist aber vor allem der Hass Tolstois gegen alle Theorie, gegen alle theoretische Wissenschaft und die Behauptung, dass nur praktische Lebensregeln als Wissenschaft zu gelten hätten. Damit macht sich Tolstoi den Ausbau einer theoretischen Weltanschauung unmöglich und insbesondere einer wissenschaftlichen Weltanschauung und tritt in Widerspruch mit seiner Lehre, dass die Moral auf der Weltanschauung beruhen müsse, die Handlungsweise auf dem Werturteil über den erkannten Gegenstand. Woraus folgt, dass nur die theoretische Erleuchtung der Menschen das gründliche Mittel ist, um sie sittlich zu veredeln. Es sei nicht im Sinne eines Vorwurfes vorgebracht, dass die Grundkategorien der Weltanschauung Tolstois an einer halb theologisch, halb begrifflich schillernden Unbestimmtheit leiden, so das „Göttliche“ und das „Geistige“. Substituiert Tolstoi hier Vernunft und Liebe und logisch-sittliches Bewusstsein, so ist zu betonen, dass auch all dies nichts einfach Selbstverständliches, sondern selbst wieder Problem der Selbsterkenntnis ist. Es ist richtig, dass für die grosse Menge der Menschheit einfache, gemeinverständliche Grundrisse der allgemeinen Weltanschauung gegeben sein müssen. Doch ist die Detailforschung der Geisteswissenschaft der einzige Weg, der auch zu einer, sich immer mehr steigernden Klarheit dieser Grundanschauungen führt. Wenn Tolstoi von Gott oder Geist spricht, schweben den Leuten, insbesondere dem einfachen Volk gewiss keine reinen Vernunftanschauungen, sondern irgendwelche traditionelle theologische Phantome vor. Mit diesen aber bleiben sie in den Banden des Autoritätsglaubens gefangen. Wie tief berechtigt die Sehnsucht des modernen Menschen nach einer wissenschaftlichen Weltanschauung ist, habe ich in einer Broschüre, die ich Ihnen heute zusende, nachgewiesen.*[9]

Herzliche Grüsse sendet Ihr

E. H. Schmitt.

Schmargendorf bei Berlin, den 7. Dezember 1909.

Entgegnung Tolstois durch Dr. Makovicky an Dr. A. Skavan

Auf die von Dir mitgeteilten Einwendungen Dr. Schmitts auf die Schrift „Über die Wissenschaft" beauftragt mich Leo Nikolajewitsch Dir zu antworten, dass die Opponenten dieser seiner Schrift immer darauf vergessen, dass sein Hauptaugenmerk darin besteht, dass die jetzige Wissenschaft der Grundbedingung des vernünftigen Wissens genügt: der Gleichmässigkeit der Verteilung der Kenntnisse und der Gleichmässigkeit ihrer Bearbeitung, was er mit der Sphäre gleichmässig verteilter und gleichlanger Radiusse vergleicht.

Dass Chemie und Physik wie auch andere Wissenschaften notwendig sein können, leugnet Leo Nikolajewitsch durchaus nicht; um sie jedoch als notwendig anzuerkennen, muss man vorerst die Frage entscheiden, ob es nicht ein unvergleichlich nötigeres Wissen gehe. Wenn aber der Mensch nicht weiss, wie er zu leben hat mit den Menschen, und dieses nicht nur ignoriert, sondern noch dazu angeleitet wird (von der sogenannten Rechtswissenschaft), man müsse so leben, dass die Einen herrschen und die Anderen sich unterordnen und Völker mit Völkern Krieg führen müssen, so meint er, dass sowohl höhere Mathematik, wie Embriologie und Astronomie unnütz, Physik aber und Chemie nicht nur unnütz, sondern auch schädlich seien, indem sie

[9] *Es ist das oben angeführte Heft No. 1 des Bundes der Gnostiker.

als Mittel zur Aufrechterhaltung eines widernatürlichen Lebens der Menschen dienen.

Dr. Makovicky.
Jassnaja-Poljana, den 5. (18.) Dezember 1909.

BRIEF TOLSTOIS AN DR. SKARVAN.

Ausser dem, was ich Duschan Petrowitsch Ihnen in meinem Namen mitzuteilen bat, erachte ich für notwendig, auch meinerseits noch folgendes Ihnen zu übermitteln:

Die Erwiderungen Schmitts über die Wissenschaft erinnern mich lebhaft an ebensolche Erwiderungen der Geistlichen über die kirchliche Religion. Ebenso wie auch sie, beachtet er nicht die Grundlagen meiner Negation, und spricht von Einzelheiten, die ihm, unabhängig vom Wesen der Sache, als anfechtbar erscheinen.

Als falsch und schädlich betrachte ich die unter uns bestehende Wissenschaft deshalb, weil sie meinem Erachten nach der Hauptforderung echter Wissenschaft nicht entspricht – der Gleichmässigkeit der Verteilung des Wissens und dem gleichen Grad ihrer Bearbeitung, entsprechend ihrer Bedeutung nicht bloss für eine Klasse der Menschen (in diesem Fall einer geringen Zahl von Menschen, die die Möglichkeit zur höheren Bildung haben), sondern für das gesamte Volk. Und zwar ist diese unregelmässige Verteilung des Wissens und eine ihrer Bedeutung nicht entsprechende Bearbeitung zustande gekommen infolge der unsittlichen und ungeheuerlichen Ordnung unserer Gesellschaft, die in physisch müssige, dem Luxus fröhnende und durch physische Arbeit erschöpfte, bedrückte, notleidende Menschen geteilt ist. Bei einer derartigen Einrichtung der Gesellschaft musste notwendigerweise unter dem Schein der Wissenschaft dasselbe eigentümliche, falsche, schlecht angebrachte und oft auch schädliche Wissen entstehen, welches jetzt unter dem Namen der Wissenschaft verkündigt wird. Dieses ist die Hauptgrundlage meiner Verurteilung und sogar völliger Ablehnung der gegenwärtig geltenden „Wissenschaft". Und deshalb muss derjenige, der meine Deduktionen bestreiten will, vor allem die Unrichtigkeit dieses meines Grundsatzes beweisen. Eben das aber tun die Opponenten meines Artikels nicht, unter ihnen auch der kluge, doch leider „gelehrte" Eugen Heinrich Schmitt. Es ist auch begreiflich. Wie es einem Geistlichen, einem Bischof, einem Superintendenten, der den grössten Teil seines Lebens, die besten Lebensjahre seiner Jugend, an Seminarien und Akademien mit dem Studium der theologischen Wissenschaft zugebracht hatte, schwer und beinahe unmöglich ist, sich von dem loszusagen, was er so lange für die heilige Wahrheit hielt und wo die Lossagung ihn um seine gesellschaftliche Stellung bringt; ebenso schwer, beinahe unmöglich ist es einem Professor, Akademiker und im allgemeinen einem Gelehrten, einem Schriftsteller, der seine besten Jahre dem Studium dessen gewidmet hatte, was den Namen Wissenschaft trägt und an dessen Unfehlbarkeit er fest glaubt –, sich einverstanden zu erklären, dass alles das, woran er geglaubt und was er für heilige Wahrheit hielt, nichts als das Ergebnis müssigen Sinnens einer geringen Zahl von Menschen sei, die ein anormales, exceptionelles, unrichtiges Leben führen auf dem Nacken des Volkes.

Ihr Sie liebender
Leo Tolstoi.

Jassnaja-Poljana, den 6. (19.) Dezember 1909.

Wo hat denn Schmitt bei mir Darlegungen religiöser Wahrheit, in Bilderschleier und Begriffsnebel gehüllt, gefunden? Vermitteln Sie ihm die beigefügte Darstellung religiöser Grundrisse*[10], in denen mutmasslich kaum irgend welche Nebel und Schleier zu finden sind. Zur Ergänzung dazu kann ich nur so viel bemerken, dass ich oft Gelegenheit hatte, diese meine Ansichten über Religion nicht nur ungelehrten, sondern beinahe des Schreibens und Lesens unkundigen Menschen mitzuteilen, und wurden diese Ansichten in dem Masse angeeignet, dass sie durch diejenigen, die sie aufgenommen haben, mit vollkommener Präzisität auch anderen übermittelt wurden, und zwar nicht bloss jungen und freidenkerisch gesinnten, sondern auch alten Leuten aus dem Bauernstande. Aber in unseren, sogenannten gebildeten und gelehrten Kreisen treffe ich mit seltenen Ausnahmen immer auf völliges Nichtverstehen. Ich sage Nichtverstehen und nicht Meinungsverschiedenheit, denn bei einer Meinungsverschiedenheit könnten und müssten sie Entgegnungen bringen, solche hat man aber niemals vorgebracht und kann sie von dieser Seite, ebensowenig wie von kirchlicher Seite vorbringen. Es kann das gar nicht anders sein, denn das Nichtverstehen bei den Gebildeten und Gelehrten leitet sich aus derselben Ursache ab wie auch das Nichtverstehen bei den Kirchlichgesinnten – vom blinden Glauben: bei den einen an die Kirche, bei den anderen an die Wissenschaft. So dass ich sagen muss, durchaus nicht schöner Worte halber, sondern weil dem so ist, dass die Gelehrtheit nicht nur nicht nötig ist, um eine durchsichtig klare religiöse Erkenntnis zu haben, von welcher Schmitt spricht, sondern im Gegenteil, – nichts ist einer gesunden und nüchternen religiösen Erkenntnis mehr hinderlich, als eben das, was man Bildung und Gelehrtheit nennt. Und es ist auch gar nicht anders möglich, denn ein Mensch aus dem Volk – abgesehen von den vernünftigeren und gesünderen Lebensverhältnissen, im Vergleich mit denen, unter

---

[10] *Der folgende Auszug aus Tolstois *„Für alle Tage“*.

welchen die „Gelehrten" sich befinden –, ein Mensch aus dem Volk bleibt, nachdem er ein für allemal die Lügenhaftigkeit des Kirchenglaubens begriffen und abgeworfen hat, völlig frei und rein, namentlich durchsichtig klar für die Aufnahme der Wahrheit, während der „gelehrte" Mann, schon auf Gymnasien, Universitäten, Akademien intellektuell verdorben, meistenteils, nachdem er die falsche Kirchlichkeit abgeschüttelt hat, und manchmal auch ihr treu bleibend, stets vollgepropft von Dogmen wissenschaftlichen Glaubens ist, von wissenschaftlichen Dogmen, die ihm seit der Kindheit eingeprägt waren und mit den religiösen Wahrheiten in ihrem einfachen, rationalistischen Sinn vollkommen unvereinbar sind.

Leo Tolstoi.
Jassnaja-Poljana, den 5. (18.) Januar 1910.

P.S. Ich schicke Ihnen diese Antwort für Schmitt. Ihr Brief hat mich erfreut, und ich war erfreut über die Gelegenheit, diese ergänzenden Anmerkungen schreiben zu können. Selbstverständlich können Sie von diesen Notizen nach Wunsch Gebrauch machen. L. T.

Tolstoi an Dr. Skarvan

Dem, was ich Ihnen und durch Sie Schmitt bereits über die grössere Empfänglichkeit für höhere religiöse Wahrheiten bei Ungelehrten, als bei Gelehrten mitgeteilt habe, möchte ich noch folgendes beifügen:

Ganz abgesehen davon, dass eine Verrammelung des Gehirns mit unnötigen und meistenteils falschen Begriffen und Vorstellungen nicht straflos vorbeigehen kann, ganz abgesehen hiervon, sind die „wissenschaftlichen" Begriffe als solche unvergleichlich mehr unverständig und falsch, als die allergrössten religiösen Begriffe. Nehmen wir zum Beispiel die allergewöhnlichste Frage von der Entstehung der Welt und uns selbst – des

Menschen. Die Frage der Entstehung der Welt und des Menschen in der Zeit ist für den Menschen, der sich das Stoffliche nicht anders vorzustellen vermag, als in der Zeit, oder eigentlich die Frage, wie der Endpunkt der endlosen Zeit zu finden sei, eine falsch aufgestellte Frage. Die Religion in ihrer gröbsten Form beantwortet sie damit, Gott habe die Welt in sechs Tagen erschaffen usw. Die Antwort ist absurd, doch enthält sie immerhin den Begriff Gottes, den Begriff von etwas Unerfasslichen, ausserhalb des Vorstellungsvermögens des Menschen Liegendem und deshalb Ausserzeitlichem. Die Antwort ist ungereimt bezüglich der Einzelheiten, der Hauptsache nach aber richtig: ihr Wesen besteht darin, dass die Entstehung der Welt eine zeitlose Ursache hat. Und die Antwort ist in ihrer Grundidee vernünftig. Sie besagt, dass der Ursprung des Lebens ausserhalb der Zeit liegt.

Wie antwortet denn auf diese nämliche Frage die Wissenschaft?

Mit den ungereimtesten, um nicht zu sagen einfach stupiden Erörterungen und komplizierten, weitschweifigen Beschreibungen und Beobachtungen, wie die Gegenstände in unserem Beobachtungskreise aus einer Form in andere Formen übergingen. Die Wissenschaft lässt nicht einmal den Gedanken zu, was jedem vom Aberglauben der Wissenschaft nicht betörten Menschen von selbst in die Augen fällt, dass die Entstehung der Gegenstände und ihre wechselseitige Abhängigkeit in der stofflichen Welt, die wir uns nicht anders vorstellen können, als in unendlichem Raum und in unendlicher Zeit, durchaus nicht definierbar sind, und dass die Beschäftigung mit Fragen über die Abhängigkeit und Entstehung der Gegenstände in einer stofflichen Welt, d. h. in endlosem Raum und endloser Zeit die allermüssigste und allerdümmste Beschäftigung ist. Indessen aber ist „Evolution" ein beliebtes Wort und ein beliebter Begriff bei den Gelehrten, obzwar dieses Wort durchaus nicht vernünftiger und verständlicher ist, als die Worte „dreieinig", „Transsubstantiation" u. ähnl.

Diese Tage kam zu mir ein gelehrter Doktor – er schrieb mir auch – mit der Frage, wie die wissenschaftliche Auffassung des

Sinnes des Lebens klar und präzis darzulegen sei. Ich sagte ihm, dass meiner Meinung nach der Sinn des Lebens in dem Streben nach dem Wohl jenes unstofflichen Urquells bestehe, den wir in uns erkennen. Der gelehrte Doktor hörte nicht auf mich – ..., und unterbrach mich, indem er sagte, dass all dies subjektiv sei und dass eine objektive Feststellung des Sinnes des Lebens wünschenswert wäre. Und um mir seinen Gedanken klar zu machen, begann er von der Evolution zu sprechen. Als ich dieses Wort vernahm, entschuldigte ich mich, dass ich die Unterredung nicht weiter führen könne.

Ich schreibe all dieses deshalb, um zu zeigen, wie viel höher die allergröbste, religiöse Lebensauffassung stehe, als eine derartige wissenschaftliche. Dort ist ein ausserzeitlicher, ausserräumlicher, beständiger und inmaterieller Begriff da: – Gott, der auf alle unlösbaren Fragen, die vor dem Menschen stehen, Antwort gibt, indem er die Unzugänglichkeit dieser Fragen für den Menschen erkennt. „Gott hat die Welt erschaffen, Gott hat mich erschaffen" – heisst eigentlich so viel, dass ich nicht weiss und nicht wissen kann, wie ich und die Welt und der Anfang von Allem entstand. Die gelehrten Menschen sind aber vollkommen überzeugt, dass sie das wissen, dass sie das wissen können und mit Sicherheit wissen werden, wie die Welt und der Mensch entstanden sind, und sind völlig überzeugt, dass der ihnen zugängliche, unendlich kleine Teil des Wissens jener unendlich weiten Sphäre uns unzugänglicher Kenntnisse das wahre Wissen sei und dass es gar nichts gebe, was dem Wissen des Menschen unzugänglich wäre.

Daher kommt es, dass ich nicht bloss denke, sondern aufgrund von Überlegung und Erfahrung weiss, dass ein religiöser Mensch mit den allergröbsten religiösen Vorstellungen dennoch inbezug auf Empfänglichkeit für Wahrheit unermesslich höher steht, als der wissenschaftliche Abergläubige. Der erstere weiss, dass es etwas gibt, was man nicht wissen kann, während der zweite überzeugt ist, es gebe nichts, was man nicht wissen könne und dass alles das, was er weiss, echtes und wahres Wissen sei. Der erstere braucht bloss das, was er als unergründlich erkennt, von den Auswüchsen des Aberglaubens zu reinigen, und es trennt ihn gar kein Hindernis mehr von der Wahrheit. Der zweite aber kann die Wahrheit unmöglich aufnehmen, denn er ist voll der Lüge, welche er für Wahrheit hält, und hat keinen Platz mehr in sich, wohin er die Wahrheit stellen könnte. Das Wichtigste beim Wissen ist, sich nicht einzubilden, dass man wisse, was man nicht weiss, sondern zu wissen, dass man nicht weiss, was man nicht weiss. Dies ist die Eigenheit der religiösen Menschen, auch wenn ihre Religion in ganz groben Formen sich äussert; die aber bei Menschen, die gelehrt sind, vollkommen abhanden gekommen ist.

Leo Tolstoi.
Jassnaja-Poljana, den 9. (22.) Januar 1910.

Ergänzung Tolstois zum Brief an Skarvan über die Wissenschaft.

So verhält es sich in der allgemeinen Frage des Wissens über die Entstehung der Welt, ganz so aber auch in allen Kenntnissen und inbezug auf die speziellen Fragen.

Ich nehme die gewöhnlichste Kenntnis von dem, warum es Tag und Nacht gibt und was auf dem Himmelsgewölbe geschieht. Der ungelehrte, zumeist arbeitende Mensch, der beinahe immer den Aufgang und den Untergang der Sonne sieht, sagt und denkt sich, Tag und Nacht seien deshalb da, weil, wie er das deutlich sieht, die Sonne auf einer Seite hinter dem Walde oder dem Felde hervorsteigt, die Nacht aber, wenn sie auf der anderen Seite niedergeht. Er weiss auch, dass sie im Frühling früher aufgeht und an einem gewissen Ort, während sie im Winter später und an einem anderen Ort emporsteigt. Auch das ist ihm bekannt, dass nachts auf dem Himmelsgewölbe Sterne leuchten und die Sterne ebenso wie die Sonne aufsteigen und niedergehen. Der geschulte, der sogenannte „gebildete“ Mensch aber, obzwar er selbst den Sonnenaufgang selten sieht und den Wechsel des Auf- und Niederganges nicht beobachtet hatte, sagt und denkt sich, Tag und Nacht wären deshalb da, weil die Erde sich um ihre eingebildete Achse dreht, Winter und Sommer aber gebe es deshalb, weil die ganze Erde eine erdichtete Kreisbahn um die Sonne beschreibt, ausserdem denkt er auch noch, dass es nicht nur eine Sonne gebe, sondern dass es eine ungezählte Menge solcher gebe und dass viele Himmelskörper, ebenso wie die Erde, um andere Sonnen kreisen. Alles dieses sagt er nicht, als ob er es wüsste, sondern weil er es glaubt.

Wie geistreich auch das Kopernik'sche System sein mag und wie unterhaltend für die müssigen Menschen, die mit Hilfe ihrer hunderte von Millionen kostenden Observatorien und Teleskopen gemachten Forschungen über Nebelflecken und Marskanäle u. ähnl. auch seien, so muss doch jeder gewissenhafte und ernste Mensch bekennen, dass die Kenntnisse eines Bauern über das, was auf dem Himmelsgewölbe vorgeht, wirkliche, zweifellos selbständige Kenntnisse sind, die Kenntnisse des gelehrten Menschen aber ein hypothetisches, zweifelhaftes, unselbständiges, sehr prekäres und zu nichts anderem als zum Zeitvertreib reicher Leute taugliches, nutzloses Wissen sind.

Ganz so auch in den übrigen, den angewandten Wissenschaften, von der Jurisprudenz, Medizin, politischen Oekonomie und anderen gar nicht zu sprechen. Und wie unverwüstlich ist dabei die Selbstzufriedenheit, der Eigendünkel der Gelehrten, der Gebildeten! Ich glaube, man kann ohne Irrtum, ganz genau sagen, dass die wahren Vorzüge der Menschen immer verkehrt proportioniert sind zur Meinung, welche die Menschen von ihren Vorzügen haben, und dass es kein sichereres Zeichen von der Nichtigkeit der Vorzüge, die sich die Menschen selbst zuschreiben, gibt, als jene hohe Meinung, welche die Menschen von ihnen haben. Und es gibt heutzutage keine so sehr von Eigentümlichkeit und Selbstzufriedenheit erfüllten Menschen, als die sind, die sich für gelehrt und gebildet halten. Die heutigen Menschen brüsten sich mit der Entdeckung des nichtsnutzigen Radiums, dessen Licht (wie sie dies sorgsam ausgerechnet haben) sich erst nach drei Millionen Jahren erschöpfen wird, genau so, wie die Könige und ihre Untertanen sich mit der königlichen Herrlichkeit brüsten.

Jawohl, schon dieses erschreckende Selbstgefühl unserer Wissenschaft allein ist ein sicherstes Zeichen ihrer Nichtigkeit.

Ja, noch etwas, weisen Sie Schmitt unbedingt auf die Gedanken für den 9. Januar meines neuen „Leserkreises" hin, die ich als Epigraph meiner Entgegnung angefügt wissen möchte.

Sie werden wohl meiner überdrüssig, lieber Skarvan, dass ich Ihnen so viele Ergänzungen schicke. Doch schicke ich sie konditionell. Ich gebe Ihnen *carte blanche* sie Schmitt zu schicken oder in den Papierkorb zu werfen.

Leo Tolstoi.
Jassnaja-Poljana, den 11. (24.) Januar 1910.

Aus Tolstois Werk „Für alle Tage"

9. Juli.

1.
Wir wissen, dass wir aus dem Tode zum Leben gekommen sind, denn wir lieben die Brüder. Wer seinen Bruder nicht liebt, kennt nicht das ewige Leben, welches er in sich hat.
(Erster Johannesbrief, Kap. III, 14.)

2.
Ein chinesischer Weiser wurde gefragt: „Was ist Wissen?" Er antwortete: „Dass man die Menschen kenne."

Auch wurde er gefragt: „Worin besteht die Tugend ?"
Er antwortete: „Darin, dass man die Menschen lieben soll."

3.
Die Biene muss, um nach ihrem Gesetz zu leben, fliegen, die Schlange kriechen, der Fisch schwimmen, und der Mensch lieben. Eben deshalb ist es wunderlich, wenn der Mensch, der seinem Gesetz nach die Menschen lieben soll, ihnen Böses tut. Es ist das ebenso sonderbar, als würde der Vogel schwimmen, der Fisch aber fliegen.

4.
Wir sagen, wir lieben diejenigen, die uns gefallen, die uns loben, die uns Gutes erweisen, doch wir lieben so uns zu lieb, deshalb, damit wir es besser haben. Wahre Liebe ist die, wenn wir nicht uns zu lieb lieben, nicht uns selber Gutes wollen, sondern denen, die wir lieben, und wenn wir nicht deshalb lieben, weil uns ein Mensch angenehm oder nützlich ist, sondern deshalb, weil wir in jedem Menschen denselben Geist empfinden, der in uns selbst lebt.

Nur wenn wir auf diese Art lieben, können wir lieben, wie Christus es lehrte –, nicht bloss diejenigen, die uns lieben, sondern die uns hassen, unsere Feinde.

5.
Allemal, wenn dich jemand beleidigt, und du aufgebracht gegen ihn wirst, trachte dich zu erinnern, dass in uns allen ein und derselbe Geist Gottes lebt und dass, wenn der Mensch dir auch noch so unangenehm ist, in ihm doch der nämliche Geist Gottes waltet, der auch in dir lebt.

6.
Wenn du's schwer hast, wenn du die Menschen und dich sogar fürchtest, wenn dein Leben sich verwickelt hat, so sage zu dir: ich will aufhören darüber zu sorgen, was mich treffen wird und will alle diejenigen lieben, mit denen mich das Leben zusammenführt, und nichts mehr. Versuche nur zu leben und du wirst sehen, wie sich plötzlich alles löst, und du nichts mehr weder zu fürchten, noch zu wünschen hast.

7.
Erbärmlich und lächerlich ist der Mensch, der darnach sucht, was hinter seinem Rücken hängt. Ebenso erbärmlich und lächerlich ist auch der, der sein Glück sucht, ohne zu wissen, dass dieses in der Liebe besteht, die ihm in das Herz gelegt ist.

Nur schauet nicht ausser euch auf die Welt und die Werke der Menschen. Wendet eure blinden Augen auf euch selbst, auf eure Seele, und ihr werdet in ihr eine ganze Welt finden, und zwar nicht eine illusorische und trügerische, sondern eine wirkliche, wahrhaftige, freudige Welt. Und in dieser Welt, in euch selbst, werdet ihr erkennen, was Liebe ist, werdet erkennen, dass das Heil der Liebe endlos, werdet erkennen, was ihr sein müsset nach dem Willen der Liebe.

Krischna

8.
Wenn du den Menschen liebst, bloss den Menschen, und nicht jenen Geist in ihm, der in deinem Innern lebt, so wirst oft aufhören zu lieben und sogar statt ihn zu lieben, ihn sogar hassen, den du zuvor liebtest.

9
Am besten ist's, jeden Tag so zu beginnen, dass man beim Erwachen nachdenkt, ob man nicht wenigstens einem Menschen diesen Tag Freude bereiten könnte.

Nietzsche

10.
Kannst du dich nicht daran gewöhnen, die Gelegenheit zu guten Taten zu suchen, wie der Jäger nach dem Wilde sucht, so verpasse wenigstens nicht die gute Gelegenheit dazu.

11.
Güte ist in Beziehungen zu Menschen eine Pflicht. Bist du nicht gütig gegen Menschen, so erfüllst du deine Hauptpflicht nicht.

Brief des Herausgebers an Dr. Skarvan.

Liebwerter Freund!

Ich kenne zwar die letzte Schrift, in der Tolstoi seine Erkenntnis in vollkommener Durchsichtigkeit dargelegt haben will, nicht.*[11] Doch aus allem, was Tolstoi über diesen Gegenstand ausführte, lässt sich leicht zeigen, dass es nichts weniger als durchsichtig klare Erkenntnis ist. Da Sie nun schreiben, dass die neue Arbeit für den Tolstoi-Kenner nichts Neues bringe, so werden wohl die Beläge aus den bisherigen Ausführungen Tolstois genügen, um den strittigen Punkt klarzustellen.

Tolstoi verwahrt sich gegen Definitionen Gottes, da solche in ihm, wie er sagt, das Erkennen zerstörten. („Für alle Tage", 7. Juli, 1.) Wir aber sind genötigt, uns an seine Erklärungen zu halten, wenn wir feststellen wollen, ob bei ihm wirklich eine durchsichtige, jedermann, insbesondere dem einfachen Menschen, klar verständliche Lösung der Frage, was Gott ist, vorliege. An der obigen Stelle führt Tolstoi aus, dass er zur zweifellosen Erkenntnis Gottes durch die Frage: „Woher ich bin?" gebracht werde. „Ich bin von meiner Mutter geboren und diese von der Grossmutter usw., und die Ganzletzte von wem? Und ich komme unvermeidlich zu Gott." – Da Tolstoi nun den Gottschöpfer ablehnt (siehe seine „Gedanken über Gott"), so bleiben wir in einer leiblichen Reihe von Ursachen befangen, und es ist durchaus nicht klar, dass die Summe solcher Verkettungen von körperlichen Verursachungen notwendig etwas Göttliches, höchst Vollkommenes sein müsste, wo alle Glieder, sofern sie leiblich sind, höchst unvollkommen sind. Dann macht Tolstoi eine andere Wendung und bezeichnet „Gott als den Ursprung meines Denkens, meiner Vernunft, meiner Liebe," sowie auch der Materie. Was hier das Wort „Ursprung" bedeuten soll, ist durchaus nicht klar, da der Schöpfungsgedanke nicht in Frage

[11] *Es handelt sich um eine neue Bearbeitung der *„Lehre vom Leben"*.

kommt, noch weniger aber leuchtet ein, dass (wie Tolstoi unter 5. ausführt) „das Leben der Welt sich nach dem Willen von irgend jemand vollzieht," „dass irgend jemand all das verrichte als sein sicheres Werk, was in der gesamten Welt und unserem Leben vor sich geht." Dass hinter diesem Geschehen ein „Jemand", also eine Intelligenz, die alles das wirklich („nach ihrem Willen") lenkt, stecke, leuchtet durchaus nicht klar und ohne weiteres ein und ist das viele Sinnlose, Grausame, Unzweckmässige in der unorganischen wie in der organischen Natur durchaus nicht darnach angetan, uns so einfach vom Walten einer liebevoll fürsorgenden väterlichen Weisheit zu überzeugen. Was den Ursprung betrifft, so könnte man meinen, dass die Verkettung der Ursachen im Kreislauf walten und die Summe solcher Verkettungen nicht notwendig als Göttliches gelten könnte; dass es anders wäre, ist wenigstens nicht so einfach klar. (Tolstoi überträgt aber die eigene Tätigkeit der endlichen Wesen ohne weiteres auf das derart hypostasierte göttliche Wesen, und dies scheint der Sinn seiner Gottheit als „Ursprung" der Dinge zu sein.)

Vernunft und Liebe sind nun innerliche geistige Schauungen und Erlebnisse hoher Art. Solche sind allerdings in der Selbsterkenntnis zu ergründen, aber diese Selbsterkenntnis ist nicht so einfach gegeben, sondern die grösste und schwerste Aufgabe der Wissenschaft. Wie wenig das Tolstoi klar zu machen versteht, leuchtet aus folgendem ein. Im neunten Abschnitt der „Gedanken über Gott" sagt Tolstoi: „Gott ist das All, das unendliche All, als dessen Teil ich mich bekenne." – Nun aber ist klar, dass ein Unendliches im Endlichen, das Ganze im Teil nicht zu fassen ist, und dass, wenn obiger Satz steht, daraus nur folgt, dass wir Gott in keiner Weise fassen, von ihm nicht wissen können, denn wir könnten dann immer nur von Teilen, die eben nicht Gott sind, wissen. Es muss also das Ganze, dies Unendliche selbst irgendwie in unser Inneres treten, auf dass wir von ihm wissen. Was das bedeutet, wie das möglich ist, klären obige Ausführungen nicht auf. Wenn sich Tolstoi wirklich „nicht anders begreifen kann, wie als Teil Gottes" (ebend. XII), d. h. als verschwindend Kleines gegen Gott, so stellt er diesem Endlichen etwas gegenüber was er ihm nicht gegenüberstellen könnte, da er sich nur im Endlichen bewegte und zu dem andern, dem Unendlichen, gar nicht käme.

Das Richtige in der Selbstschätzung seiner Erkenntnisweise trifft also Tolstoi allerdings, wenn er im Abschnitt III der „Gedanken über Gott" sagt: „Später sah ich, dass die Erkenntnis ein Licht sei, welches mir durch ein mattes Glas dringt. Das Licht sehe ich, doch dasjenige, was das Licht hervorbringt, kenne ich nicht. Ich weiss jedoch, dass es da ist." – Wir geraten so zu dem nebelhaften Begriffe des „höchsten Wesens" und nach Tolstois eigenem Bekenntnis ist seine Gotteserkenntnis so wenig durchsichtig, wie eine blinde Glasscheibe.

Und dort, wo sich Tolstoi am vollkommensten auszudrücken meint, sagt er (ebend. II): „Gott erkennen wir weniger vermittels der Vernunft, auch nicht so sehr mittels des Herzens als vermittels des Gefühls der völligen Abhängigkeit von Ihm. Es ist das ein ähnliches Gefühl, wie das, welches der Säugling am Mutterschoss empfindet. Er weiss nicht, wer ihn hält, wer ihn wärmt, nährt, jedoch er weiss, dass ein Jemand da ist, und er weiss es nicht bloss, er liebt ihn auch." – Tolstoi weiss nichts als Bildliches zu berichten, das sich in dunkle Gefühle hüllt. Oder ist der Jemand, der Fürsorge trägt, etwas anderes als ein dichterisches Bild? Was auch Tolstoi anerkennt, wenn er an anderer Stelle ebendort sagt, dass er das „Er" und das „Jemand" zu enge findet.

Herzliche Grüsse!
E. H. Schmitt.

Berlin-Schmargendorf, den 28. Januar 1910.

Schlusswort des Herausgebers [Dr. Eugen Heinrich Schmitt]

Wie schwer der Irrtum Tolstois sowohl in der Würdigung des Wertes des wissenschaftlichen Erkennens, wie auch des Wertes der „klaren Erkenntnis“ des unwissenden Bauers ist, leuchtet hier insbesondere aus seinen Ansichten über das Kopernikanische Weltsystem ein. Tolstoi sieht nicht, dass die blosse Kenntnisnahme von sinnlichen Wahrnehmungen der Bewegung, die er anführt, noch keine Erklärung, noch keine Erkenntnis ist; dass der Mensch beim blossen Registrieren des Sinnenscheines nie stehen bleibt, sondern stets eine Erklärung des Zusammenhanges des in Wahrnehmung Gegebenen versucht. Wenn er keine aus dem logischen Denken resultierende Erklärung hat, wird er unfehlbar eine solche aus der Phantasie versuchen. Und das ist, wenn man näher zusieht, auch bei jenem unwissenden Landmann der Fall. So versuchte das Altertum, mit dem ptolemäischen System eine Art von wissenschaftlicher Erklärung der Bewegung der Gestirne herzustellen. Diese war aber so verwickelt und künstlich und entsprach auch schliesslich der genaueren Kenntnis der Bewegungen der Gestirne nach der Entdeckung des Fernrohres nicht mehr, sodass sie durch die sehr einfache Erklärung, die nach Kopernikus, Kepler und Newton in ihren Gesetzen und Formeln boten, verdrängt werden musste.

Nun fehlt dem unwissenden Landmann jede wissenschaftliche Erklärung. Er macht sich daher eine solche in der Phantasie in der Weise zurecht, dass Gott, den er als menschenähnliche Person, als Herrn des Alls, oder als Vater sich vorstellt, die Sterne bewege und lenke, so, wie er ohnehin Regen und Sonnenschein vom guten Gott erwartet. Weil er keine wissenschaftliche Erklärung hat, muss er notwendig eine theologische, phantasiegemässe im Hintergrund haben. Die wissenschaftliche Naturerklärung hat allerdings, selbst im günstigsten Fall, eine hypothetische Seite, wie Tolstoi richtig bemerkt, aber wissenschaftliche

Hypothesen können in der Beobachtung und rechnerisch kontrolliert werden, während theologische stets auf eine himmlische Autorität zurückführen, die geglaubt werden muss, weil man solche Bilder der Phantasie nicht kontrollieren kann. Nicht der in einem Begriffsnebel verhüllte unbestimmte und unbekannte Gott des Deismus, der dem Rationalisten Tolstoi vorschwebt, sondern allerdings das in der Phantasie dämmernde Bild eines allmächtigen Herrn und Lenkers oder auch Vaters schwebt hier dem einfachen Menschen als Erklärung vor. Wie dies auch aus den Zitaten aus den „Gedanken über Gott“ und „Für alle Tage“, die Tolstoi selbst bietet, erhellt. Und wenn Tolstoi selbst Gott als das für uns Unerreichbare, also als das der eigentlichen Erkenntnis ganz Unzugängliche hinstellt, so wird vollends klar, dass er die an dunkle Gefühle und Symbole anknüpfende innige Überzeugung von der Existenz eines unbekannten höchsten Wesens und Lebens irrtümlich mit der „durchsichtigen“ Erkenntnis dieses Wesens verwechselt.

Die Frage aber, ob eine Erklärung von Naturvorgängen in wissenschaftlicher oder theologisch-bildlicher Form gegeben ist, ist so wenig gleichgültig und die Forderung einer wissenschaftlichen Lösung so wenig ein Zeitvertreib nutzloser Müssiggänger, dass wir heute noch unter der mittelalterlichen Priesterherrschaft schmachten möchten, wenn Kopernik, Kepler und Giordano Bruno nicht den theologischen Himmel zerbrochen hätten, und man heute noch Ketzer bei langsamem Feuer braten möchte. Die Priester erkannten viel richtiger die ihnen drohende Gefahr, aber sie konnten sie weder durch den Widerruf Galiläi's, noch durch den Feuertod Bruno's und seiner Gesinnungsfreunde abwenden und hindern, dass der auf Newton fussende Voltaire mit den Encyclopädisten ihre Autorität in der verhängnisvollsten Weise untergrub.

Auch der Gedanke einer inneren Unendlichkeit, einer inneren Gottheit kann nur dadurch klar werden, dass wir vorerst dies Unendliche als unendlichen Raum der Welten dort draussen schauen, um uns so erst nachträglich darauf besinnen zu können, dass dies eigentlich auch nur ein Schauen in uns, unsere innere

Unendlichkeit sein kann. Die ganze grosse Frage der Möglichkeit einer Befreiung aus kirchlichen und staatlichen Fesseln steht und fällt mit der Frage nach einer Möglichkeit der wissenschaftlichen Lösung der höchsten Fragen des Lebens, und ist dies darum eine Frage von der ungeheuersten praktischen Bedeutung. Wie schwierig und verwickelt waren doch die Wege, auf denen Kepler und Newton zu ihren einfachen durchsichtigen Formeln gelangten! So verhält es sich auch bei den ungleich höheren Fragen der wissenschaftlichen Erkenntnis, den Fragen über Geist und Gott. Ohne die schwierigste und verwickeltste Arbeit der einsamen Denker gelangen wir nie zu den einfachen, durchsichtigen Resultaten, die dann geeignet sind, zum Gemeingut zu werden; die, in immer erhöhter Klarheit aufleuchtend, mit dem Lichte der wissenschaftlich erkannten Wahrheit die Menschheit zu erleuchten und zu befreien berufen sind.

Anhang

Illustration zu Tolstois Roman „Auferstehung“
von Leonid Ossipowitsch Pasternak, 1910
(commons.wikimedia.org)

Tolstois Kritik am Strafrecht

Ein Auszug aus der Dissertation „Straftheorie von Leo Tolstoi“[1] (2021)

Dirk Falkner

> „Es werden noch Jahrzehnte, vielleicht Jahrhunderte, vergehen, aber kommen wird die Zeit, wo unsere Enkel sich ebenso über unsere Strafgerichte, Gefängnisse, Hinrichtungsstätten wundern, wie wir jetzt über das Verbrennen und Foltern von Menschen. ‚Wie war es möglich, das Unsinnige, Grausame und Schädliche, das man tat, nicht einzusehen!‘ – werden unsere Nachkommen fragen.“[2]
>
> LEO TOLSTOI

Einleitung

„Das Kriminalrecht ist das Recht der einen, alle diejenigen zu verschicken, einzusperren, zu hängen, die zu verschicken, einzusperren, zu hängen sie für notwendig erachten, in Bezug aber auf diejenigen, die verbannt, eingesperrt und gehangen [sic!] werden, das Recht – so lange nicht ausgewiesen, nicht eingesperrt und nicht gehangen zu werden, so lange diejenigen, die die

[1] Textquelle | An dieser Stelle dargeboten mit freundlicher Genehmigung des Verfassers und des Verlags Walter de Gruyter (Mitteilung vom 23.05.2023) aus: Dirk FALKNER, Straftheorie von Leo Tolstoi. (= Juristische Zeitgeschichte – Abteilung 6, Band 57). Berlin/Boston: Walter de Gruyter 2021, S. 53-63. – Die Ziffern der drei Abschnitte entfallen an dieser Stelle; die Anmerkungen wurden anhand des Gesamtliteraturverzeichnisses vom Herausgeber modifiziert.

[2] *Tolstoi*, Put zhisni (Der Lebensweg), in: Lew *Tolstoi*: Polnoje sobrabranije sotschinenij w 90 tomach (Gesamtausgabe in 90 Bänden), Bd. 45. Moskau 1956, S. 232. In der deutschen Übersetzung (Der Lebensweg – ein Werk von Leo Tolstoi: Ein Buch für Wahrheitssucher. Leipzig 1912) heißt es lediglich: „sich ebenso über unsere Strafen wundern“ (S. 234).

Macht haben, es zu tun, es nicht für notwendig erachten“[3] – so fasste Tolstoi seine Auffassung der Institution des Strafrechts ein Jahr vor seinem Tod im offenen Brief „Über das Recht. Briefwechsel mit einem Juristen“ (1909) zusammen. Im Folgenden werden die Gründe ausgeführt, die ihn zu einem derart harschen Urteil veranlassten.

Strafrecht und Christentum

Zunächst griff Tolstoi das Strafrecht vom christlichen Standpunkt aus an. Bemerkenswerterweise ist das tolstoianische Christentum[4] keine mystische Religion mit Wundern und Sakramenten, sondern eine „neue Lebensauffassung“,[5] eine klare, einfache und vernünftige[6] ethisch-soziale Lehre, die von einem „großen Weisen, dem Lebenslehrer Jesus, Christus genannt“[7] verkündet wurde und grundsätzlich für alle Menschen, unabhängig von ihren religiösen, kulturellen und sozialen Unterschieden geeignet ist.[8] Ihr Ziel ist es nicht, den Menschen zur Erlösung im Jenseits zu führen, sondern ihn zu veranlassen, das Reich Gottes in der eigenen Seele und in den Seelen seiner Mit-

---

[3] *Tolstoi,* Pismo studentu o prawe (Über das Recht. Briefwechsel mit einem Juristen), in: Lew *Tolstoi*: Polnoje sobrabranije sotschinenij w 90 tomach. Bd. 38. Moskau 1936. S. 54–61, hier S. 55 f. – Deutsche Ausgabe: Leo *Tolstoi*: Über das Recht. Briefwechsel mit einem Juristen. Heidelberg 1910. [In diesem Band →S. XXXX]

[4] Ob Tolstois Interpretation des Neuen Testaments sachlich korrekt ist, bleibt bei der Darlegung seiner rechtsphilosophischen Ideen ohne Bedeutung.

[5] Vgl. den vollständigen Titel der Abhandlung von *Tolstoi* „Das Reich Gottes ist inwendig in Euch oder das Christentum als eine neue Lebensauffassung, nicht als eine mystische Lehre“.

[6] Vgl. *Tolstoi,* W tschom moja wera (Worin mein Glaube besteht), in: Lew *Tolstoi*: Polnoje sobrabranije sotschinenij w 90 tomach. Bd. 23. Moskau 1957, S. 304–468, hier S. 334.

[7] *Tolstoi,* Potschemu christianskije narody woobtsche i w osobennosti russkij nachodjatsja teper w bestwennom polosheniji (Was ist der Grund für die gegenwärtige Not der christlichen Völker, insbesondere des russischen), in: Lew *Tolstoi*: Polnoje sobrabranije sotschinenij w 90 tomach. Bd. 37. Moskau 1956, S. 348–359, hier S. 353.

[8] Vgl. ebd.

menschen zu entfalten,[9] denn „das Reich Gottes" bedeutet nichts anderes als Liebe und Frieden unter den Menschen.[10] Als einen der fünf Hauptgrundsätze des Christentums,[11] mehr noch, als Prinzip, das die gesamte christliche Lehre zusammenhält,[12] sah Tolstoi das Gebot, sich dem Bösen nicht durch Gewalt zu widersetzen (vgl. Matthäus 5, 39). Den Begriff des Bösen definierte er als Gesamtheit aller Sünden, Versuchungen und Aberglauben:

> „Das Leben wäre ununterbrochenes Glück, wenn nicht Aberglaube, Verführung und Sünden die Menschen des möglichen und ihnen zugänglichen Glückes beraubten. Sünde – ist Nachgiebigkeit gegen leibliche Begierden; Verführung – falsche Vorstellung, die man von seinem Verhältnis zur Welt hat; Aberglaube – falsche Lehren, die für wahr gehalten werden."[13]

Die Gewalt ist aus Tolstois Sicht das „Zwingen eines Menschen zu etwas, was er selbst nicht will",[14] wobei der Denker mehrmals deutlich machte, dass auch und gerade das Recht, insbesondere das Strafrecht, somit institutionalisierte Gewalt darstellt.[15] Nach seiner Überzeugung beruhen die Gesetze auf dem Willen einer

---

[9] Vgl. *Tolstoi,* Ssojedinenije i perowod tschetyrjoch Jevangelij (Vereinigung und Übersetzung der vier Evangelien), in: Lew *Tolstoi*: Polnoje sobrabranije sotschinenij w 90 tomach. Bd. 24. Moskau 1957, S. 7–800, hier S. 196. Eigene Übersetzung.

[10] Vgl. *Tolstoi,* Ssojedinenije i perowod tschetyrjoch Jevangelij a.a.O., S. 130; *Tolstoi,* W tschom moja wera a.a.O., S. 370.

[11] Vgl. *Tolstoi,* Ssojedinenije i perowod tschetyrjoch Jevangelij a.a.O., S. 218 ff.

[12] *Tolstoi,* W tschom moja wera a.a.O., S. 315.

[13] *Tolstoi,* Put zhisni a.a.O., S. 91.

[14] *Tolstoi,* Zarstwo boshije wnutri nass ili christianstwo ne kak mistitscheskoje utschenije, a kak nowoje zhisneponimanije (Das Reich Gottes ist inwendig in Euch oder das Christentum als eine neue Lebensauffassung, nicht als eine mystische Lehre), in: Lew *Tolstoi*: Polnoje sobrabranije sotschinenij w 90 tomach. Bd. 28. Moskau 1957, S. 1–308, hier S. 190. (nachfolgend: *Tolstoi,* Zarstwo a.a.O.) – Deutsche Ausgabe: Das Reich Gottes ist inwendig in Euch. Bd. 1–2. Jena 1911.

[15] Vgl. *Tolstoi,* W tschom moja wera a.a.O., S. 443, S. 460; *Tolstoi,* Zarstwo a.a.O., S. 130 f.; *Tolstoi,* Pismo studentu o prawe a.a.O., S. 54 f..

kleinen Clique,[16] sind willkürlich und grausam,[17] steigern, wie Jesus voraussagte, das Übel in der Welt;[18] die Strafnormen widersprechen den Geboten Christi[19] und bringen das Böse ins Leben der Menschen;[20] die Strafgerichte sind sinnlos,[21] verlogen,[22] Werkzeuge einer archaischen Rache[23] und mit dem Gewissen eines Christen unvereinbar.[24]

Aber viel eindrucksvoller als diese trockenen theoretischen Ausführungen wirkt die religiös begründete Strafrechtskritik von Leo Tolstoi in seinem vom „machtvollen moralischen Impuls regiert[en]“[25] literarischen Werk – allen voran in der Gefängnisgottesdienstszene im Roman „Auferstehung“, die bemerkenswerterweise in der russischen Erstausgabe (1899) von der zaristischen Zensur aus dem Buch entfernt wurde:

> „Und keinem der Anwesenden, vom Priester und dem Inspektor bis zur Maslowa, kam in den Sinn, dass dieser selbe Jesus, dessen Name der Priester unter Gepfeife so unzählige Male wiederholt und den er mit allen möglichen seltsamen Worten gepriesen hatte, gerade das, was hier geschah, verboten hatte; [...] vor allem aber hatte er nicht nur verboten, die Menschen zu richten und im Kerker zu halten, sie zu quälen, zu beschimpfen und hinzurichten, wie das hier gemacht wurde, sondern er hatte jegliche Gewalt über die Menschen verboten, gesagt, er sei gekommen, die Gefangenen in die Freiheit zu entlassen.“[26]

---

[16] Vgl. *Tolstoi,* Zarstwo a.a.O., S. 96.

[17] Vgl. *Tolstoi,* Zarstwo a.a.O., S. 96.

[18] Vgl. *Tolstoi,* W tschom moja wera a.a.O., S. 328.

[19] Vgl. *Tolstoi,* W tschom moja wera a.a.O., S. 321.

[20] Vgl. *Tolstoi,* W tschom moja wera a.a.O., S. 327.

[21] Vgl. *Tolstoi,* Zarstwo a.a.O., S. 215.

[22] Vgl. *Tolstoi,* Zarstwo a.a.O., S. 272.

[23] Vgl. *Tolstoi,* Zarstwo a.a.O., S. 6.

[24] *Tolstoi,* Zarstwo a.a.O., S. 182.

[25] Martin *George* / Jens *Herlth* / Christian *Münch* / Ulrich *Schmid*: Einleitung, in: M. George / J. Herlth / Ch. Münch / U. Schmid (Hg.), Tolstoj als theologischer Denker und Kirchenkritiker. 2. Auflage. Göttingen 2015, S. 11–36, hier S. 22.

[26] *Tolstoi,* Woskressenije (Auferstehung), in: Lew *Tolstoi*: Polnoje sobrabranije

Aber die Kritik Tolstois ging noch tiefer. Zum einen entnahm der Denker dem Evangelium auch das Verbot, über die anderen zu richten (siehe Matthäus 7, 1 und Lukas 6, 37), interpretierte diese Worte als Untersagung, an irgendwelchen Gerichtsverhandlungen überhaupt teilzunehmen und begründete diese These sowohl hermeneutisch als auch rational:

> „Bei Lukas Kap. 6, Vers 37–49 stehen diese Worte unmittelbar nach der Lehre über das Nichtwiderstreben und über die Vergeltung des Bösen mit Gutem. Unmittelbar nach den Worten ‚Seid barmherzig, wie auch euer Vater im Himmel' heißt es: ‚Richtet nicht, so werdet ihr nicht gerichtet; verdammet nicht, so werdet ihr nicht verdammt.' Heißt es nicht außer der Verdammung des Nächsten auch, dass wir keine Gerichte schaffen und in ihnen nicht unseren Nächsten richten sollen? – fragte ich mich jetzt [...] Christus sagt: Widerstrebe nicht dem Übel. Der Zweck der Gerichte ist: dem Übel zu widerstreben. Christus schreibt vor, man solle Böses mit Gutem vergelten. Die Gerichte vergelten Böses mit Bösem. Christus sagt, man solle keinen Unterschied machen zwischen Guten und Bösen. Die Gerichte haben keine andere Bestimmung, als den Unterschied zwischen Guten und Bösen festzustellen. Christus sagt, man solle allen vergeben; nicht einmal, nicht siebenmal, sondern vergeben ohne Ende; die Feinde lieben, Gutes tun denen, die uns hassen. Die Gerichte vergeben nicht, sondern sie strafen; sie tun nicht Gutes, sondern Böses denen, die sie Feinde der Gesellschaft nennen; so ergibt sich dem Sinne nach, dass Christus die Gerichte hätte verbieten müssen."[27]

Auf dem Neuen Testament (Jakobus 4, 12) beruhte auch die Überzeugung Tolstois von einer heuchlerischen Natur des Strafrechtswesens:

> „Richter aber, sagt Christus, ist derjenige, der erretten kann.

---

sotschinenij w 90 tomach. Bd. 32. Moskau 1936, S. 137 f.

[27] *Tolstoi*, W tschom moja wera a.a.O., S. 319 ff.

Wie kann denn ich, der ich nicht imstande bin, zu erretten, Richter sein und strafen? Diese ganze [Bibel-]Stelle spricht vom menschlichen Gericht und verwirft es."[28]

Noch deutlicher sprach Leo Tolstoi mehrere Jahre später, im Justizroman „Auferstehung":

„Verdorbene Menschen wollten verdorbene Menschen bessern und meinten, das ließe sich auf mechanische Weise erreichen [...] es [gibt] keine Menschen, die selber nicht schuldig wären und daher bestrafen oder bessern könnten."[29]

Dabei begnügte sich Tolstoi nicht mit einer religiös-philosophischen Verurteilung, sondern verdeutlichte und vertiefte diese Kritik mit literarischen Mitteln. Der Protagonist dieses Romans Dmitri Nechljudow, Fürst, Großgrundbesitzer und Gardeoffizier a. D., verführt und verlässt dann das hilflose Bauernmädchen Jekaterina (Katjuscha) Maslowa, das in der Obhut der Tanten Nechljudows als „halb Stubenmädchen, halb Ziehtochter"[30] aufgewachsen ist, stößt es dadurch ins Elend und im Endeffekt in die Prostitution und sitzt schließlich nach dem gewaltsamen Tod eines Bordellbesuchers namens Smelkow als Geschworener über sein eigenes Opfer zu Gericht.[31] Aber dieser haltlose Genussmensch ist keineswegs ein schändlicher Ausnahmefall, ein abscheuliches schwarzes Schaf unter den hochanständigen Verteidigern von Recht und Ordnung, sondern kaum schlimmer als sein Mitgeschworener, ein „fröhliche[r] Kaufmann",[32] der in der

[28] *Tolstoi*, W tschom moja wera a.a.O., S. 322.

[29] *Tolstoi*, Woskressenije a.a.O., S. 442.

[30] *Tolstoi*, Woskressenije a.a.O., S. 7.

[31] Nach dem heutigen deutschen Strafrecht würde Katjuschas Straftat (Verabreichen des Giftes in der Überzeugung, es sei Schlafmittel) als vorsätzliche Körperverletzung in Tateinheit mit fahrlässiger Tötung bewertet werden; im zeitgenössischen Russland war die Rechtslage etwas diffus. Vgl. Friedrich Christian *Schröder*: Tolstojs Auferstehung aus der Sicht des Juristen, in: Ulrich Mölk (Hg.), Literatur und Recht. Literarische Rechtsfälle von der Antike bis in die Gegenwart. Göttingen 1996, S. 312–324, hier S. 315–317.

[32] *Tolstoi*, Woskressenije a.a.O., S. 66.

Gerichtssitzung „den Geruch von Alkohol um sich herum verström[t]"[33] und den wolllüstigen, betrunkenen und gewalttätigen Smelkow aufrichtig bewundert: „Na, mein Lieber, der hat ordentlich gezecht, auf sibirische Art. War kein Kostverächter, sich so ein Mädel anzulachen."[34] Oder der stellvertretende Staatsanwalt, ein skrupelloser und zynischer Ehrgeizling, der im selben Freudenhaus, wo Maslowa früher ihr trauriges Dasein gefristet hat, die Nacht vor der Gerichtssitzung verbringt[35] und aus Karrieregründen anstrebt, den Prozess gegen die Skopzen[36] in eine konservative Kreisstadt zu verlegen, wo es mehr Chancen für ihre Verurteilung geben wird.[37] Oder auch der Gerichtsvorsitzende selbst, der diesen Plan unterstützt[38] und so selbstverliebt ist, dass er sich von seinem Recht, zu sprechen, nicht trennen kann,[39] obwohl er die Gerichtssitzung eigentlich früher schließen möchte, um seine Geliebte vor sechs Uhr im Hotel treffen zu können.[40]

Angesichts dieser Justizvertreter muss man zwangsläufig einem anderen Geschworenen – dem alten Genossenschaftler[41] – Recht geben, der sich weigert, nicht nur Maslowa, sondern auch ihre Mitangeklagten Simon Kartinkin und Jewfimija Botschkowa, die allem Anschein nach schwerere Straftaten (Raub- und Morddelikte) begingen,[42] schuldig zu sprechen: „Auch wir sind

---

33 *Tolstoi*, Woskressenije a.a.O., S. 30.

34 *Tolstoi*, Woskressenije a.a.O., S. 66.

35 Vgl. *Tolstoi*, Woskressenije a.a.O., S. 23.

36 Eine asketische Glaubensgemeinschaft im zeitgenössischen Russland, deren männliche Mitglieder sich oft kastrierten, um den Anfechtungen des Fleisches zu entkommen. Vgl. Karl Konrad *Grass*: Die russischen Sekten. Bd. 2: Die Weissen [sic!] Tauben oder Skopzen nebst geistlichen Skopzen, Neuskopzen u. a. Leipzig 1914. Nachdruck: Leipzig 1966, S. 10 ff.

37 Vgl. ebd.

38 Vgl. ebd.

39 Vgl. *Tolstoi*, Woskressenije a.a.O., S. 76 f.

40 Vgl. *Tolstoi*, Woskressenije a.a.O., S. 21.

41 Im russischen Originaltext handelt es sich um einen „Artelschtschik", also den Angehörigen einer (zumeist) handwerklichen Genossenschaft („Artel").

42 Der exakte Tatablauf bleibt unklar. Die bekannten Fakten legen jedoch nahe, dass der Zimmerkellner Simon Kartinkin im Einverständnis mit dem Korridormädchen Jewfimija Botschkowa erst Katjuscha Maslowa das Gift übergab und

ja keine Heiligen".[43] Und so erschließen sich dem Leser zwei biblische Epigraphe zum Roman „Auferstehung" – „Was siehest du aber den Splitter in deines Bruders Auge, und wirst nicht gewahr des Balkens in deinem Auge?" (Matthäus 7, 3)[44] und „Wer unter euch ohne Sünde ist, der werfe den ersten Stein auf sie." (Johannes 8, 7).[45]

Vom Neuen Testament (siehe Matthäus 5, 33–37 sowie Jakobus 5, 12) leitete Tolstoi auch die Ablehnung des Schwurs, insbesondere des Eids, ab.[46] Die Forderung, ihn zu leisten, stellt ebenfalls einen unchristlichen Gewaltakt dar,[47] weil „wenn doch Christi Lehre darin besteht, immer den Willen Gottes zu erfüllen, wie kann da der Mensch schwören, den Willen des Menschen erfüllen zu wollen? Der Wille Gottes ist mit dem Willen des Menschen nicht stets übereinstimmend".[48] Somit ist die Schwurverweigerung für Tolstoi nichts anderes als die Bekundung des festen Willens, seine eigene Verantwortung niemals in fremde Hände zu legen.[49] Dabei machte der Schriftsteller deutlich, dass er unter dem „Schwur" auch und gerade den Gerichtseid verstand, weil er in christlichen Ländern ausgerechnet auf dem Evangelium, wo der Eid explizit verboten ist, geleistet wurde.[50]

Schließlich begriff Leo Tolstoi das Strafwesen in einem christlichen Staat auch als Ausdruck der religiösen Intoleranz gegen-

---

ihr dabei vorspielte, dass es sich um ein Schlafmittel handele, um den betrunkenen und gewalttätigen Bordellbesucher Smelkow zu betäuben. Danach raubten Kartinkin und Botschkowa den toten Smelkow aus. Vgl. *Schröder*, „Auferstehung" a.a.O, S. 314 ff.

[43] *Tolstoi*, Woskressenije a.a. O., S. 80.

[44] Zitiert nach: Lew *Tolstoi*: Auferstehung. München 2016. Aus dem Russischen übersetzt und kommentiert von Barbara Conrad (S. 5).

[45] Zitiert nach ebd.

[46] Vgl. *Tolstoi*, W tschom moja wera a.a.O., S. 358 ff., 366, 369, 371, 458.

[47] Vgl. *Tolstoi*, W tschom moja wera a.a.O., S. 360.

[48] *Tolstoi*, W tschom moja wera a.a.O., S. 359.

[49] Vgl. Marian *Machinek*: Gottes- und Menschenbild als Schlüssel zum Verständnis des radikalen Pazifismus Leo Tolstois, in: Forum Katholische Theologie 14 (1998), S. 49–61, hier S. 54.

[50] Vgl. *Tolstoi*, W tschom moja wera a.a.O., S. 360; *Tolstoi*, Woskressenije a.a.O., S. 28.

über den Andersgläubigen und brachte diese Ansicht zum Ausdruck in der Geschichte „Nach dem Ball" (1903).

Diese autobiographisch geprägte Novelle schildert einen muslimischen Tataren, der in Kasan wegen versuchter Fahnenflucht durch Spießrutenlaufen bestraft wird – und zwar ausgerechnet am letzten Sonntag vor der Passionszeit, wenn es den orthodoxen Christen obliegt, den Menschen ihre Fehltritte zu vergeben.[51]

Strafrecht und Staat

> „Der Aberglaube des Staates ist schon deshalb schädlich, weil er die Lüge als Wahrheit hinstellt, aber vor allem, weil er die guten Menschen dazu *veranlasst*, wider das Gewissen und das Gesetz Gottes zu handeln: die Armen auszurauben, Recht zu sprechen, zu exekutieren, Kriege zu führen – und dabei zu glauben, keine bösen, sondern gute Taten zu vollbringen."[52]
>
> LEO TOLSTOI

Ein weiterer Aspekt der Strafrechtskritik von Tolstoi resultierte aus seiner Ablehnung des Staates. Diese Institution entstand einst durch die Gewalt der Eroberer,[53] könnte jedoch ursprünglich gerechtfertigt worden sein, weil durch seine Gründung die blutigen Fehden zwischen verschiedenen „Stämmen, Familien und Geschlechtern"[54] zurückgedrängt wurden.[55] Mit dieser These machte Tolstoi ein Zugeständnis an die klassische staatsphilosophische Tradition, die noch auf Thomas Hobbes (1588–1679) zurückgeht.[56]

---

[51] Vgl. I. A. *Jessaulow*: Passchalnost russkoj slowesnosti (Das Osterfest im russischen Schrifttum), auf Russisch. Moskau („Krug" Verlag) 2004, S. 76 ff.

[52] *Tolstoi*, Put zhisni a.a.O., S. 259. Eigene Übertragung, weil in der deutschen Übersetzung „Der Lebensweg" weggelassen.

[53] Vgl. *Tolstoi*, Zarstwo a.a.O., S. 133 f.

[54] *Tolstoi*, Zarstwo a.a.O., S. 133.

[55] Vgl. *Tolstoi*, Zarstwo a.a.O., S. 134.

[56] Vgl. Thomas *Hobbes*: Vom Bürger, in: Th. Hobbes, Vom Bürger. Vom Menschen. Hamburg 2017, S. 3–350, hier S. 96 ff.

Im Laufe der Zeit nahm die Neigung zu Gewalt unter den Beherrschten allerdings stark ab, während die Herrscher immer brutaler wurden,[57] weshalb sie seit dem Ende des 18. Jahrhunderts den sittlichen – und politischen – Fortschritt im eigenen Interesse notorisch bremsen, wie es mit der Aufhebung der *Prügelstrafe*, der Folter, der Leibeigenschaft, mit der Schaffung der Presse- und Vereinsfreiheit – und später auch mit sozialen Rechten und generell mit den „neuen Lebensformen" der Fall war bzw. ist.[58]

Somit ist der moderne Staat ein „Götze",[59] der auf Grund seiner Gewalttaten und Kriege mit dem wahren Christentum – der Lehre der Demut, der Verzeihung, der Liebe unvereinbar ist.[60] Deshalb kann es entweder kein Christentum geben oder keinen Staat.[61] Von machthabenden Christen zu sprechen, ist geradezu lächerlich;[62] vielmehr ist die Menschheitsgeschichte seit der römischen Kaiserzeit die Geschichte der Verdrängung der staatsbezogenen Lebensauffassung durch die christliche.[63] Den klassischen Einwand, dass der Staat notwendig sei, um die Bösen niederzuhalten,[64] wies Tolstoi anhand historischer Beispiele zurück:

> „Ist die Macht immer an die Besseren gekommen? Als Ludwig XVI. und Robespierre zur Macht gelangten und dann Napoleon, wer herrschte? Die Besseren oder die Schlechteren? Wann herrschten die Besseren: als die Versailler oder die Kommunards[65] die Macht innehatten, oder als an der Spitze der Regierung Karl I. oder Cromwell stand? Und als Peter III. Zar war, oder als man ihn getötet hatte und in einem Teil

[57] Vgl. *Tolstoi,* Zarstwo a.a.O., S. 134
[58] Vgl. *Tolstoi,* Zarstwo a.a.O., S. 143.
[59] *Tolstoi,* W tschom moja wera a.a.O., S. 330.
[60] Vgl. *Tolstoi,* Zarstwo a.a.O., S. 186.
[61] Vgl. *Tolstoi,* Zerkow a.a.O., S. 479.
[62] Vgl. *Tolstoi,* Zarstwo a.a.O., S. 191.
[63] Vgl. *Tolstoi,* Zarstwo a.a.O., S. 70.
[64] Vgl. *Tolstoi,* Zarstwo a.a.O., S. 190.
[65] Tolstoi meinte die „Pariser Kommune" von 1871 und ihre Gegner.

Russlands Zarin Katharina, im anderen Pugatschow[66] die Zarengewalt innehatten, wer war damals böse, wer gut? Alle Menschen, die sich an der Macht befinden, behaupten, ihre Macht sei nötig, damit die Bösen nicht die Guten vergewaltigen, und betrachten es als selbstverständlich, dass sie eben die Guten seien, die die anderen Guten vor dem Bösen schützen."[67]

Der Grund für den Fortbestand des Bösen an der Macht ist bereits im Konzept des Staates angelegt:

> „Macht innehaben heißt doch Gewalt üben. Gewalt üben heißt tun, was der nicht will, über den die Gewalt geübt wird, und was bestimmt in Bezug auf seine Person der nicht wünscht, der die Gewalt übt. Folglich heißt Macht innehaben, dem anderen das tun, was wir nicht wollen, dass die anderen uns tun, das heißt Böses tun. Sich unterordnen heißt Duldung der Gewalt vorziehen. Duldung der Gewalt vorziehen aber heißt gut sein oder wenigstens weniger schlecht als die, die den anderen das antun, was sie für sich nicht wollen."[68]

Somit ist der Staat die Herrschaft der Schlechten;[69] mehr noch: „Es herrschen häufig die schlechtesten, unbedeutendsten, grausamsten, sittenlosesten und besonders die verlogensten Menschen",[70] die noch schlimmer sind als Räuber:

> „Die Räuber nehmen hauptsächlich den Reichen weg, die Machthaber hauptsächlich den Armen und fördern ihre reichen Helfershelfer. Die Räuber setzen ihr Leben aufs Spiel,

---

[66] Jemeljan Pugatschow (1742–1775) war ein rebellischer Kosakenführer, der sich als „den Mördern entkommener" Zar Peter III. (1728–1762) ausgab.

[67] *Tolstoi,* Zarstwo a.a.O., S. 190.

[68] *Tolstoi,* Zarstwo a.a.O., S. 190 f.

[69] Vgl. *Tolstoi,* Zarstwo a.a.O., S. 191.

[70] *Tolstoi*: Jedinoje na potrebu (Eines ist not), in: Lew *Tolstoi*: Polnoje sobrabranije sotschinenij w 90 tomach. Bd. 36. Moskau 1936, S. 166–205, hier S. 174.

die Machthaber gehen fast kein Risiko ein. Die Räuber pressen niemanden in ihre Reihen, die Machthaber rekrutieren ihre Soldaten überwiegend mit Zwang. Die Räuber teilen die Beute in der Regel gerecht auf, die Machthaber teilen die Beute nicht gleichmäßig – wer sich am organisierten Betrug mehr beteiligt, erhält den größeren Anteil."[71]

Um ihre Macht zu behalten und zu sichern, entzweien und entkräften die Bösen die unterdrückten Volksmassen, „denn je schwächer der Vergewaltigte ist, desto weniger Anstrengung bedarf es, um ihn niederzuhalten."[72] Das geschieht auf zweifache Weise: Zum einen bedienen sich die Machthaber einer direkten Gewalt – durch den Heeres- und Polizeidienst, durch die Steuerpflicht, durch die Eidesleistung und eben durch die Justiz.[73] Zum anderen erfolgt eine fortdauernde „Hypnotisierung des Volkes",[74] um die „geistige Entwicklung der Menschen zu hemmen durch verschiedene Suggestionen, sie in der von der Menschheit bereits durchlebten Lebensauffassung zu erhalten, auf der die Macht der Regierungen sich aufbaut"[75] – unter anderem mittels des autoritären Erziehungswesens, der staatstragenden Religionslehre, der chauvinistischen Propaganda und der verdummenden Unterhaltungsindustrie.[76]

Das Strafrecht erfüllt die beiden Aspekte der obrigkeitlichen Gewalt, weil es die geknechteten Volksmassen sowohl durch direkte Gewalt einschüchtert als auch durch Indoktrination gefügig macht. Einerseits werden die Abweichler und Unzufriedenen von der bestehenden Ordnung, ungeachtet der Staatsform, mittels Strafrecht „mit den furchtbarsten Strafen belegt"[77] – nämlich „durch Schläge [Prügelstrafe], Freiheitsentziehung und

---

[71] *Tolstoi*, Put zhisni a.a.O., S. 263. Eigene Übertragung, weil in der deutschen Übersetzung „Der Lebensweg" weggelassen.

[72] *Tolstoi*, Zarstwo a.a.O., S. 135.

[73] Siehe ausführlich *Tolstoi*, Zarstwo a.a.O., S. 172–175.

[74] *Tolstoi*, Zarstwo a.a.O., S. 153.

[75] Ebd.

[76] Vgl. *Tolstoi*, Zarstwo a.a.O., S. 153 f.

[77] *Tolstoi*, Zarstwo a.a.O., S. 152.

Mord [Todesstrafe]"[78] geahndet, wobei zu den Bestraften auch die Menschen gehören, die sich weigern, an Gerichtsprozessen teilzunehmen.[79] Zugleich werden die Justizangehörigen durch ihre Macht so korrumpiert, dass sie zu Richtern und Henkern ihrer Mitmenschen mutieren.[80] Und schließlich wird durch den feierlichen Pomp der Rechtsprechung[81] bei den Außenstehenden der Eindruck ihrer Gerechtigkeit erweckt und somit in ihren Augen auch der Staat legitimiert, weil das Gerichtswesen sein unentbehrlicher Bestandteil ist, ja geradezu den Inbegriff des Staates darstellt.[82]

Diese Ideen in den philosophischen Schriften Tolstois spiegeln sich in seinem literarischen Werk wider. Im Roman „Auferstehung" wird Fürst Nechljudow vom Staatsanwalt mit einer Geldbuße bedroht, wenn er sich aus moralischen Gründen weigert, sein Geschworenenamt weiter auszuüben.[83] Im selben Werk lässt Tolstoi einen alten Wanderer auftreten,[84] der keinem Menschen etwas zuleide tut, sein Brot durch harte Arbeit verdient – aber trotzdem von den Staatsbehörden regelmäßig inhaftiert wird, weil er sie nicht anerkennt – und insbesondere dem Zaren nicht huldigt:[85]

---

[78] *Tolstoi,* Rabstwo naschego wremeni (Die Sklaverei unserer Zeit), in: in: Lew *Tolstoi*: Polnoje sobrabranije sotschinenij w 90 tomach. Bd. 34. Moskau 1952. S. 144–149, hier S. 180.

[79] Vgl. *Tolstoi,* W tschom moja wera a.a.O., S. 463.

[80] Vgl. *Tolstoi,* W tschom moja wera a.a.O., S. 250, 255 f.

[81] Vgl. die Szenen der feierlichen Eröffnung der Gerichtssitzungen im Roman „Auferstehung" in *Tolstoi,* Woskressenije a.a.O., S. 25 ff., 271 f.

[82] Vgl. Wassilij *Maklakow*: Tolstoi i ssud (Tolstoi und das Gericht), auf Russisch, in: Russkaja Mysl 3 (1914), S. 35–72, hier S. 47.

[83] Vgl. *Tolstoi,* Woskressenije a.a.O., S. 126.

[84] Vgl. *Tolstoi,* Woskressenije a.a.O., S. 417 ff., 437 f.

[85] Sein historisches Vorbild war der religiöse Dissident Andrei Wlassow. Die Rede des Wanderers gibt mehrere Stellen aus Wlassows Brief an Tolstoi nahezu wörtlich wieder. Vgl. N. K. *Gudsij*: Istorija napisanija i petschatanija „Woskressenija" (Wie „Auferstehung" verfasst und veröffentlicht wurde), auf Russisch, in: Leo Tolstoi, „Woskressenije". Tschernowyje redakzii i warianty („Auferstehung". Entwürfe und frühere Fassungen) = Lew *Tolstoi,* Polnoje sobrabranije sotschinenij w 90 tomach. Bd. 33. Moskau 1935, S. 329–422, hier S. 390.

„Wie sie Christus verfolgt haben, so verfolgen sie mich. Packen mich und schleppen mich vor die Gerichte, die Popen, die Schriftgelehrten, die Pharisäer; haben mich ins Irrenhaus gesteckt. Aber man kann mir nichts antun, denn ich bin frei. ‚Wie heißt du?', fragen sie. Meinen, ich nehme irgendeinen Namen für mich. Aber ich nehme keinen. Ich habe mich von allem losgesagt: ich habe keinen Namen, keinen Ort, kein Vaterland – gar nichts. Ich bin für mich. Du heißt? Mensch. ‚Und wie alt?' Ich zähle nicht, sag ich, und man kann es nicht zählen, weil ich immer war und immer sein werde. ‚Von welchem Vater', fragen sie, ‚welcher Mutter?' Nein, sag ich, ich habe weder Vater noch Mutter, außer Gott und der Erde. Gott ist der Vater, die Erde die Mutter. ‚Und den Zaren', fragen sie, ‚erkennst du an?' Warum soll ich ihn nicht anerkennen? Er ist sich der Zar, und ich bin mir der Zar. ‚Na', sagen sie, ‚was soll man mit dir reden.' Ich sage: Ich bitte dich auch nicht, mit mir zu reden. So quälen sie mich."[86]

Eine weitere bemerkenswerte Nebengestalt der „Auferstehung" ist der stellvertretende Oberstaatsanwalt des Senats[87] Selenin. Als junger Mann war er „ungewöhnlich rechtschaffen und ehrlich,"[88] beseelt vom Streben, „den Menschen zu dienen".[89] Durch seine Karriere im Staatsdienst wurde dieser Altruist jedoch so verdorben, dass er aus formalen Gründen die Abweisung der Beschwerde gegen das offensichtlich falsche Mordurteil gegen Katjuscha Maslowa energisch fordert.[90]

Die mit „Auferstehung" thematisch verknüpfte Erzählung „Der gefälschte Kupon" schildert den ungerechten und tyrannischen Gutsverwalter Pjotr Swentizki,[91] der von aufgebrachten

---

[86] *Tolstoi*, Woskressenije a.a.O., S. 419.

[87] Das Oberste Kassationsgericht des Russischen Kaiserreiches 1864–1917.

[88] *Tolstoi*, Woskressenije a.a.O., S. 280.

[89] Ebd.

[90] Vgl. *Tolstoi*, Woskressenije a.a.O., S. 275 ff.

[91] Sein historisches Vorbild war der im Jahre 1887 bei einer Bauernrevolte erschlagene Gutsverwalter Alexander Stanislawski. Vgl. N. K. *Gudsij*: „Wlast tmy".

Bauern im Streit erschlagen wird. Das Kriegsgericht verurteilt zwei Angeklagte, darunter einen Greis mit weißem Bart, zum Tode durch den Strang und acht weitere zur Zwangsarbeit. Swentizkis Witwe Natalja Iwanowna wohnt der Gerichtsverhandlung bei und empfindet nach der Urteilsverkündung ein unangenehmes Gefühl, das jedoch bald von der Feierlichkeit der Gerichtsverhandlung zerstreut wird: „Wenn die höchste Obrigkeit dies für nötig hält, […] muss es wohl recht sein".[92]

Somit ist das Strafrecht der wichtigste, unentbehrlichste und gefährlichste Gewalt- und Unterdrückungsmechanismus des Staates; mehr noch – ein Machtmittel, welches ihn erst recht zusammenhält.

[Im Kapitel C der Dissertation „Straftheorie von Leo Tolstoi" werden im Anschluss an den hier dargebotenen Auszug zu „Tolstois Kritik am Strafrecht" noch die Aspekte ‚Eigentum', ‚Menschenwürde', ‚Gerechtigkeit' und ‚gesunder Menschenverstand' behandelt.]

Kommentarij. („Macht der Finsternis". Kommentar: auf Russisch), in: *Lew Tolstoi,* Polnoje sobrabranije sotschinenij w 90 tomach. Bd. 26. Moskau 1936. S. 705–736, hier S. 579.

92 *Tolstoi,* Falschiwyi Kupon (Der gefälschte Kupon), in: *Lew Tolstoi*: Polnoje sobrabranije sotschinenij w 90 tomach. Bd. 36. Moskau 1936. S. 5–53, hier S. 45.

Leo N. Tolstoi im Jahr 1897
(Aufnahme von Pavel Birjukov,
Bilddaten: commons.wikimedia.org)

Gesamtübersicht

Kommentierte Bibliographie zu den neu edierten Tolstoi-Texten

I. DAS NICHTSTHUN (Nedelanie, 1893)

Russischer Text | Lew N. TOLSTOI: Nedelanie (Das Nichtstun, 1893). In: PSS [Russische Gesamtausgabe in 90 Bänden, Moskau 1928-1957ff: Polnoe sobranije sočinenij]. Band 29. Moskau 1954, S. 173-201 und Band 90, S. 22-44. [Als Internet-Ressource: http://tolstoy.ru/creativity/90-volume-colection-of-the-works].

Dargebotene Übersetzung von A. Garbell | Leo N. TOLSTOI: Das Nichtsthun. Mit einer Rede Emile Zola's und einem Briefe Alexander Dumas'. Ins Deutsche übertragen von Adolph Garbell. Berlin: Verlag von Arthur Loewy 1893. [62 Seiten & Buchwerbung]. – *Ab der Dritten Auflage*: Berlin: Hugo Steinitz 1894. [61 Seiten; Folgeauflagen 1901/1902.] [Weitere Ausgabe: Globus Verlag Berlin 1902; 63 Seiten, UB Regensburg digital].

Übersetzung von L. A. Hauff | Leo TOLSTOI: Das Nichtsthun. Mit Genehmigung des Verfassers, unter Ergänzung der Censur-Lücken, nach dem Original-Manuscript aus dem Russischen übersetzt von L. A[lbert]. Hauff. Berlin: Otto Janke [1893]. [72 Seiten].

Übersetzung von W. Henckel in: | Leo TOLSTOJ: Das Reich Gottes in uns I. / Eine russische Rekrutenaushebung / Das Nichtsthun. Aus dem Russischen übersetzt von W[ilhelm]. Henckel. Nebst einer Rede von Emile Zola und einem Brief von Alex. Dumas. München: Verlag von Dr. E. Albert & Co. 1894, S. 51-96.

Tagebucheinträge zu diesem Text | Leo N TOLSTOI: Tagebücher 1847-1910. Aus dem Russischen übersetzt von Günter Dalitz. München: Winkler 1979, S. 449, 459, 456, 457, 461 (Seitenangaben nach Register: ‚Das Nichthandeln').

Briefbezüge zu diesem Text | Lew TOLSTOI: Briefe. Zweiter Band: 1886-1910. Übersetzt von Günter Dalitz aus dem Russischen. (= Gesammelte Werke in zwanzig Bänden. Herausgegeben von Eberhard Dieckmann und Gerhard Dudek, Band 17). Berlin: Rütten & Loening 1971, S. 143, 145, 147 (Seitenangaben nach Register: ‚Das Nichthandeln').

Weiterer Tolstoi-Text zum ‚Nichtstun' | Leo TOLSTOI: Der Lebensweg. Ein Buch für Wahrheitssucher. Ins Deutsche übertragen von Dr. Adolf Heß. Leipzig: Verlagsbuchhandlung Schulze & Co. 1912, S. 331-341: ‚Das Nichttun'. [Aus der dt. Übertragung von: Put' žizni, 1910].

Sekundärliteratur | Wassilji JEGOROW: Neues von und über Leo Tolstoj. [Rezension u. a. zu Tolstois ‚Das Nichtthun' nach der russische Zeitschrift ‚Der nordische Bote', September 1893]. In: Die Gegenwart. Berlin. 22. Jg. (1893), Bd. 44, Nr. 46, S.

325-328. – Rosa LUXEMBURG: Leo Tolstoi als sozialer Denker. In: Leipziger Volkszeitung. Organ für die Interessen des gesamten werkthätigen Volkes. Leipzig. 15. Jg., Nr. 209 vom 9.9.1908, S. 1-2. [https://rosaluxemburgwerke.de].

II. RELIGION UND MORAL
(Religija i nravstvennost', 1893)

Russischer Text | Lew N. TOLSTOI: Religija i nravstvennost' (Religion und Sittlichkeit, 1893). In: PSS [Russische Gesamtausgabe in 90 Bänden, Moskau 1928-1957ff: Polnoe sobranije sočinenij]. Band 39. Moskau 1956, S. 3-26. [Als Internet-Ressource: http://tolstoy.ru/creativity/90-volume-co lection-of-the-works]

Editionsgeschichte | Zur Editionsgeschichte teilt Daniel Riniker zusammenfassend mit: „Die deutsche Übersetzung von Sophie Behr erschien in vier Nummern der Zeitschrift ‚Für ethische Kultur' im Dezember 1893/Januar 1894. Unter dem Titel ‚Religion und Moral. Antwort auf eine in der *Ethischen Kultur* gestellte Frage' erschien Tolstojs Aufsatz 1894 in Berlin auch in Buchform. Eine englische Übersetzung folgte noch im selben Jahr, und auch in Russland konnte die Arbeit 1894 in der Zeitschrift ‚Severnyj vestnik' erscheinen, allerdings mit größeren zensurbedingten Auslassungen und unter dem Titel ‚Widersprüche der empirischen Sittlichkeit'. Eine Buchausgabe wurde von der russischen Zensurbehörde verboten. Erst 1908 konnte ‚Religion und Sittlichkeit' in Russland als Broschüre erscheinen, wobei der Wortlaut dieser Ausgabe der gekürzten Zeitschriftenfassung von 1894 entsprach. Ungekürzt konnte ‚Religion und Sittlichkeit' in Russland erst nach Tolstojs Tod im Jahre 1913 erscheinen." (In: Martin GEORGE / Jens HERTH / Christian MÜNCH / Ulrich SCHMID [Hg.]: Tolstoj als theologischer Denker und Kirchenkritiker. [Übersetzung der Tolstoj-Texte von Olga Radetzkaja und Dorothea Trottenberg, Kommentierung von Daniel Riniker]. Zweite Auflage. Göttingen: Vandenhoeck & Ruprecht 2015, S. 188.)

Dargebotene Übersetzung von S. Behr | Leo N. TOLSTOI: Religion und Moral. Antwort auf eine in der „Ethischen Kultur" gestellte Frage von Graf Leo Tolstoy. Aus dem russischen Manuscript übersetzt von Sophie Behr. Berlin: Ferd. Dümmelers Verlagsbuchhandlung 1894. [37 Seiten] – Dies ist die Buchfassung von: ‚Leo N. Tolstoi: Religion und Moral'. In: Ethische Kultur. Wochenschrift zur Verbreitung ethischer Bestrebungen. Berlin, 1. Jg., Nr. 52 vom 23.12.1893, S. 411-413 und Nr. 53 vom 30.12.1893, S. 419-420.

Übersetzung von L. Flachs | Leo N. TOLSTOI: Widersprüche der empirischen Moral. Separatdruck aus der Wochenschrift „Die Zeit". Deutsch von Louise Flachs[-Fokschaneanu]. Berlin: Hugo Steinitz 1895. [65 Seiten; 3. u. 4. Tausend 1904.] – Leo TOLSTOI: Religion und Moral. (= Theosophische Schriften, 21). Deutsch von Louise Flachs. Braunschweig: Schwetschke 1895. [65 Seiten; nicht eingesehen].

Übersetzung von D. Trottenberg, 2014 | Leo N. TOLSTOJ: Religion und Sittlichkeit, übersetzt von Dorothea Trottenberg. In: Martin George / Jens Herth / Christian

Münch / Ulrich Schmid (Hg.): Tolstoj als theologischer Denker und Kirchenkritiker. Zweite Auflage. Göttingen: Vandenhoeck & Ruprecht 2015, S. 188-210.

Tagebucheinträge zu diesem Text | Leo N Tolstoi: Tagebücher 1847-1910. Aus dem Russischen übersetzt von Günter Dalitz. München: Winkler 1979, S. 458, 461 (Seitenangaben nach Register: ‚Religion und Ethik').

Briefbezug zu diesem Text | Lew Tolstoi: Briefe. Zweiter Band: 1886-1910. Übersetzt von Günter Dalitz aus dem Russischen. (= Gesammelte Werke in zwanzig Bänden. Hg. Eberhard Dieckmann und Gerhard Dudek, Band 17). Berlin: Rütten & Loening 1971, S. 148 (Seitenangabe nach Register: ‚Religion und Sittlichkeit').

Sekundärliteratur | Georg von Gizycki: Anmerkungen zu Graf Leo Tolstoy's Abhandlung über Religion und Moral. In: Ethische Kultur. Wochenschrift zur Verbreitung ethischer Bestrebungen. Berlin. 2. Jg. (1894), Nr. 4, S. 30-31; Nr. 6, S. 43-45 und Nr. 7, S. 51-53. – [Anonym:] Leo Tolstoi über Religion. [Rezension zu Tolstois „Religion und Moral" in der ‚Ethischen Kultur', 1893]. In: Deutsches Protestantenblatt, Bremen. 27. Jg. (1894), S. 7. – Fina Zacharias: Tolstoi's Moral. [Rezension zu „Tolstoi: Widersprüche der empirischen Moral. Berlin 1895"]. In: Zürcher Diskussionen. Hg. Oskar Panizza. (1898), Nr. 12, S. 1-5. – Ulrich M. Schmid: Die Geburt der Kunst aus dem Geist der Moral. In: Neue Zürcher Zeitung, 17. Jan. 2002. [https://www.nzz.ch/article7W87A-ld.192540] – Ekaterina Poljakora: Differente Plausibilitäten. Kant und Nietzsche und Tolstoi und Dostojewski über Vernunft, Moral und Kunst. Berlin / Boston: Walter de Gruyter 2013. [S. 225-328: „Kapitel 3. ‚Tolstoi: Moral versus Kunst'."] – Holger Kuße: Anthropologie. In: M. George / J. Herlth / Chr. Münch / U. Schmid (Hg.): Tolstoj als theologischer Denker und Kirchenkritiker [2014]. Zweite Auflage. Göttingen: Vandenhoeck & Ruprecht 2015, S. 433-448.

III. Über das Recht – Briefwechsel mit einem Juristen
(Pis'mo studentu o prave, 1909)

Russischer Text | Lew N. Tolstoi: Pis'mo studentu o prave (Über das Recht. Brief an einen Jura-Studenten, 1909). In: PSS [Russische Gesamtausgabe in 90 Bänden, Moskau 1928-1957ff: Polnoe sobranije sočinenij]. Band 38. Moskau 1936, S. 54-61. [Als Internet-Ressource: http://tolstoy.ru/creativity/90-volume-colection-of-the-works].

Dargebotene Übersetzung | Leo N. Tolstoi: Ueber das Recht. Briefwechsel mit einem Juristen. Erste vollständige autorisierte Ausgabe. Uebersetzt von Dr. Albert Škarvan. Mit einem Vorwort herausgegeben von Heinrich Schmitt. Heidelberg und Leipzig: Verlag L. M. Waibel und Co. 1910. [IX und 14 Seiten].

Weitere Übersetzungen | Leo N. Tolstoi: Über das Recht. In: Der freie Arbeiter. Anarchistisches Wochenblatt. Berlin, 8. Jg., 1911. [Nicht eingesehen; Microfilm-Archivierung: Friedrich Ebert-Stiftung, Bonn.] – Leo Tolstoi: Religiöse Briefe.

Übersetzt und hg. von Karl Nötzel. Sannerz und Leipzig: Gemeinschafts-Verlag Eberhard Arnold [1923], S. 294-301 (‚Nr. 214: An einen Studenten').

Tagebucheinträge zu diesem Text | Leo N TOLSTOI: Tagebücher 1847-1910. Aus dem Russischen übersetzt von Günter Dalitz. München: Winkler 1979, 813, 814, 818, 907 (Seitenangaben nach Register: ‚Brief an einen Studenten über das Recht').

Weitere Tolstoi-Texte zur ‚Kritik des Rechts' | Leo N. TOLSTOI: Texte gegen die Todesstrafe. Über die Unmöglichkeit des Gerichtes und der Bestrafung der Menschen untereinander. Mit einem Geleitwort von Eugen Drewermann. (= Tolstoi-Friedensbibliothek Reihe B, Band 1). Norderstedt: BoD 2023. – Leo TOLSTOI: Der Lebensweg. Ein Buch für Wahrheitssucher. Ins Deutsche übertragen von Dr. Adolf Heß. Leipzig: Verlagsbuchhandlung Schulze & Co. 1912, S. 227-243: Kapitel ‚Strafe'. [Der Lebensweg = Übertragung von: Put' žizni, 1910].

Sekundärliteratur | Paul ELTZBACHER: Die Rechtsphilosophie Tolstoj's. In: Preußisches Jahrbücher. Hg. Hans Delbrück. Berlin. Band 100 (April-Juni 1900), S. 266-282. – M. STRANZ: Tolstoi und das Recht. In: Deutsche Juristen-Zeitung. Berlin. 16. Jg. (1911), Nr. 5, Spalten 315-319. – K[arl] MÜNSTER: Die strafrechtlichen Probleme in Tolstois Drama „Der lebende Leichnam". (= Dissertation, Juristische Fakultät Uni Gießen). Greifswald: Julius Abel 1919. – Alexis GOLDENWEISER: Tolstois Kampf gegen das Recht. (Zum 100. Geburtstag Leo Tolstois). In: Archiv für Rechts- und Wirtschaftsphilosophie 22. Jg. (1928), S. 98-116. – Boris SAPIR: Dostojewsky und Tolstoi über Probleme des Rechts. Tübingen 1932. / Neudruck: Aalen 1977. – Reinhard LAUTER: L. N. Tolstojs Auferstehung. In: Ulrich Mölk (Hg.): Literatur und Recht. Literarische Rechtsfälle von der Antike bis in die Gegenwart. Göttingen 1996. S. 292-311. – Friedrich Christian SCHRÖDER: Tolstojs Auferstehung aus der Sicht des Juristen. In: Ulrich Mölk (Hrsg.), Literatur und Recht. Literarische Rechtsfälle von der Antike bis in die Gegenwart. Göttingen 1996. S. 312-324. – Jürgen SEUL: Leo Tolstoi zum Geburtstag. Das Recht als Rechtfertigung von Gewalt. In: Legale Tribune online, 09.09.2010. https://www.lto.de/recht/feuilleton/f/leo-tolstoi-zum-geburtstag-das-recht-als-rechtfertigung-von-gewalt/ – Jens HERLTH: Staat und Kirche. In: M. George / J. Herlth / Chr. Münch / U. Schmid (Hg.): Tolstoj als theologischer Denker und Kirchenkritiker [2014]. Zweite Auflage. Göttingen: Vandenhoeck & Ruprecht 2015, S. 449-461. – Dirk FALKNER: Straftheorie von Leo Tolstoi. (= Juristische Zeitgeschichte – Abteilung 6, Band 57). Berlin/Boston: Walter de Gruyter 2021. [S. im vorliegenden Band →S. 155-169].

IV. ÜBER DIE WISSENSCHAFT
(O nauke) 1909)

Russischer Text | Lew N. TOLSTOI: O nauke (Über die Wissenschaft, 1909). In: PSS [Russische Gesamtausgabe in 90 Bänden, Moskau 1928-1957ff: Polnoe sobranije sočinenij]. Band 38. Moskau 1936, S. 132-149. [Auch als Internet-Ressource: http://tolstoy.ru/creativity/90-volume-colection-of-the-works].

Dargebotene Übersetzung | Leo N. TOLSTOI: Über die Wissenschaft. Einzige vollständige autorisierte Ausgabe. Übersetzt von Dr. Albert Škarvan. Samt brieflicher Diskussion mit Tolstoi herausgegeben von Dr. Eugen Heinrich Schmitt. Heidelberg und Leipzig: Verlag L. M. Waibel & Co. 1910. [XXIV und 37 Seiten; sowie Buchwerbung].

Tagebucheinträge zu diesem Text | Leo N TOLSTOI: Tagebücher 1847-1910. Aus dem Russischen übersetzt von Günter Dalitz. München: Winkler 1979, S. 828, 829, 830, 837, 839, 860, 863, 907 (Seitenangaben nach Register: ‚Über die Wissenschaft …‘).

Weitere Tolstoi-Texte zur ‚Kritik der Wissenschaft‘ | Leo N. TOLSTOI: Über das Leben. Übersetzungen von Raphael Löwenfeld (1902) und Willy Lüdtke (Auswahl 1929). Neu ediert von Katrin Warnatzsch, unter Mitarbeit von Peter Bürger. (= Tolstoi-Friedensbibliothek Reihe A, Band 8). Norderstedt: BoD 2023. [Übersetzungen zu: O žizni, 1886/87]. – Leo N. TOLSTOI: Die Bedeutung der Wissenschaft und der Kunst. Aus dem Russischen von August Scholz. Dresden/Leipzig: E. Pierson's Verlag 1891. [117 Seiten]. – Leo N. TOLSTOI: Was ist Kunst? Aus dem Russischen von Michail Feofanov, 1902. Mit einer Einleitung von Dr. Marco A. Sorace. (= Tolstoi-Friedensbibliothek Reihe A, Band 11). Norderstedt: BoD 2023. [Übersetzung zu: Čto takoe iskusstvo?, 1897/98]. – Leo N. TOLSTOI: Religija i nauka (Religion und Wissenschaft, 1908). In: PSS [Russische Gesamtausgabe in 90 Bänden, Moskau 1928-1957ff: Polnoe sobranije sočinenij]. Band 37, S. 427-429. [Übersetzung nicht ermittelt]. – Leo N. TOLSTOI: Kunst und Wissenschaft. (= Flugblätter an die deutsche Jugend, herausgegeben von Freien Studenten. Heft 26). Jena: Diederichs 1919. [15 Seiten; aus „Was ist Kunst?“]. – Leo TOLSTOI: Der Lebensweg. Ein Buch für Wahrheitssucher. Ins Deutsche übertragen von Dr. Adolf Heß. Leipzig: Verlagsbuchhandlung Schulze & Co. 1912, S. 274-299: ‚Falsche Wissenschaft‘. [Der Lebensweg = Übertragung von: Put' žizni, 1910].

Sekundärliteratur | Fritz HAMMER: Tolstoi und kein Ende – in der buchhändlerischen Spekulation! [Rezension u. a. zu ‚Tolstoi: Die Bedeutung der Wissenschaft und der Kunst. Dresden/Leipzig: E. Pierson‘]. In: Die Gesellschaft. Monatsschrift für Litteratur und Kunst. Hg. M. G. Conrad. Leipzig. 8. Jg. (1892), 1. Quartal, S. 131-132. – Karl LÜHR: [Rezension zu] „Eugen H. Schmitt, Leo Tolstoi und seine Bedeutung für unsere Kultur. Leipzig 1901, Diederichs“. In: Protestantische Monatshefte. Neue Folge der Protestantischen Kirchenzeitung. Berlin. 5. Jg. (1901), S. 403-406. – Franz SERVAES: Tolstoi's Angriff auf die Wissenschaft. [Rezension zu ‚Tolstoi: Über das Leben. Übersetzung von Sophie Behr‘]. In: Die Gegenwart. Berlin. 18. Jg. (1889), Band 36, Nr. 28, S. 21-23. – Eugen Heinrich SCHMITT: Leo Tolstoi als Gegner der modernen Wissenschaft. [Rezension zu ‚Tolstoi: Über die Wissenschaft. Übersetzt von Dr. Skarvan‘]. In: Dokumente des Fortschritts. Berlin 1910, Band 1 (April), S. 302-307.

Dieser Band erscheint in der Reihe B des Editionsprojekts ‚Tolstoi-Friedensbibliothek' zur (Neu-)Erschließung gemeinfreier Übersetzungen von ‚religionsphilosophischen (theologischen) und sozialethischen Schriften' sowie Selbstzeugnissen Leo N. Tolstois.
Über weiterführende Literatur, zu unseren Angeboten sowie zum Kreis der Beteiligten (Konzeption und Herausgeberschaft, Bearbeitung, Beratung, Kooperationspartner*innen) informiert die Projektseite:
www.tolstoi-friedensbibliothek.de